香海文化

請坐，捻一頁菩提香；慢聽，覺諸佛智慧海。

佛光心定

二〇〇八
九、七

定和尚說故事

心定和尚 編著

【推薦序】聽故事，開智慧

星雲

佛教的《百喻經》，是一部古老而流傳甚廣的寓言寶典，由近百個寓言小故事集結而成。這些小故事通俗易懂，生動活潑，反映了佛教的基本思想。很多人從這些淺顯易讀的故事譬喻中，獲得深深的啟示，也領悟了許多人生的哲理。

佛陀是世間最尊貴的智者，佛陀觀機逗教，善於以譬喻、說故事的方法，讓深奧難懂的佛法平易而近人，讓前來求法的人各個法喜充滿、心開意解。說故事，是一門古老的藝術，早於歷史，甚至早於文明，從遠古時代的圍爐說故事到現代圖書館中的說故事時間，它始終是歷久不衰的。

我在世界各地演說時，也經常會以一些有趣的故事或寓言，讓大眾更能明白其中的義涵與智慧。當我們能真正感覺到，從心中升起的那股「會心一笑」的感動時，我們已經靠近智慧了。有時聽著故事，你會發現一些看似巧合又覺得奇怪的事，這時我們就必須用心觀照，不能只看見表相，更要積極效法古德，學習向善。

本書的作者心定和尚，是我早期的弟子之一，舉凡工程建設、講經弘法、讚誦梵唄、填詞譜曲、語文才藝，無不專精，可說是十項全能；尤其他性格慈悲溫和，好與人結緣，深得信眾敬仰，曾由佛光山僧眾一致推舉，連任第五、第六任宗長，十年任期間克盡職守，廣受尊崇。定和尚演說佛法時，也喜歡為信徒教唱佛歌，或者是以說故事的方式，讓佛法在歡喜愉悅的氣氛中，自然而然烙印在信眾的腦海裡，無形之中已佛種心田，播下慈悲的種子。

《定和尚說故事》的內容，大部分都是關於因果業力的感應故事。因果業報是佛教的基礎理論，也是佛法的核心。世間上，任何人都可以欺騙我們，因果不會欺騙我們；世間任何法規都可能改變，因果定律的鐵則永遠不會改變。我們可從這些佛教因果的故事，讓信眾更親近佛法，作為生活種種的借鑒；也可從聽故事的過程中，幫助大眾張開智慧的羽翼，追求圓滿自在的人生。

《定和尚說故事》原是「普門雜誌」的一個專欄，深受許多青年朋友們的喜愛，後由馬來西亞佛光文化以「簡體字」結集出版。欣聞香海文化即將發行「繁體字」版本，執行長孟樺向我報告，這本書除了有彩色插圖，並有定和尚錄製的故事ＣＤ，我樂見此套有聲書的出版，可作為更多眾生的指引與借鏡。是為序。

二〇〇八年八月於佛光山傳燈樓

【推薦序】

一本令人「斷疑生信」的好書

無論在佛學、寫作，又或是生活的歷練，我都只是一名年輕的後進生。適逢香海文化出版《定和尚說故事》，我能有這樣的機會，在此和讀者分享《定和尚說故事》的編彙因緣，這全得感謝心定和尚對我的關愛、提攜。

《定和尚說故事》刊載於馬新版的《普門》雜誌，每個月和讀者見面一次。最初的因緣，是《普門》雜誌改版，恭請定和尚為我們撰寫〈佛光禪堂〉的專欄。然而，馬來西亞信眾印象更為深刻的，是定和尚在弘法講座上的即興演唱，和數之不盡的小故事。於是，當時普門雜誌社的社長慧顯法師因此建議，闢設一個專欄，請定和尚專為讀者講故事。

當時，定和尚同時肩負著佛光山宗長和國際佛光會中華總會總會長的職務，常常到海外弘法，同時得代表佛光山出席許多重大的活動。如此繁重的弘法工作，我們並不敢妄想定和尚會答應每個月為《普門》寫稿。

然而，我們等到的是好消息，〈佛光禪堂〉和〈定和尚說故事〉兩個風格迥然不同的專欄，於二〇〇四年七月，在五十四期的《普門》雜誌開始刊出。而定和尚一手寫禪修文章，一手寫因果故事，也成為了教界的美談。

每個月要按時交上兩篇稿，對法務繁忙的定和尚來說，並非易事。我們收到的稿件，往往是從世界各地的道場傳真過來。傳真上面密密麻麻的文字，是定和尚坐在飛機上，一個字一個字為《普門》讀者而寫的心血。

我們在為定和尚謄稿，或進行文字校對時，腦海中常常會浮現他的笑容，以及他對我們這些後輩的親切。偶爾有機會和他共桌，談他講故事，往往是故事還未說完，他自己先撐不住笑起來，招得聽的人也跟著笑。他的笑含有很多智慧，只能夠當下領會，就無法言傳了。

佛光文化事業（馬）有限公司於二〇〇七年將〈定和尚說故事〉結集出版，在短短的一個月內就銷出了三千本，受歡迎的程度可見一斑。其中一篇故事〈奇蹟〉，是定和尚多年前的親筆力作。這是一部短篇小說，故事曲折離奇，人物性格鮮明，當年在《普門》刊出時就廣受好評。其他的故事或有取自佛典，或源自佛門傳說，或是民間的山野傳奇，甚至是海內外的新聞報導，雖然故事種類繁多，但其主旨不離闡述「因果」的道理。

「相信因果」是學佛的第一課，也是最重要的一課，因此，

《定和尚說故事》可以作為初學者一本趣味的入門書，更能警惕所有學佛者要深信因果，老實修行。

今年，香海文化推出《定和尚說故事》的正體字版，台灣的讀者有福了。

目前，〈定和尚說故事〉的專欄仍在《普門》刊載。未來，馬佛光文化希望能與香海文化繼續合作，把定和尚的故事介紹給更多的讀者，讓更多的人從定和尚的故事中汲取佛法的智慧。

（本文作者現任《普門》雜誌主編）

【自序】

故事的開始

心定

我們每一個人，多多少少都會受到小時候所聽到的一些故事影響，而立下一生中的第一個志願；甚至，有的人可能受某一個特殊的故事影響，而為一個崇高的理想奮鬥一生。

我在每場佛學講座之間，總要穿插幾個故事或笑話，這是深受星雲大師講演成功的模式所影響！經過這些年，不論在台灣、馬來西亞、美國、或全球世界各地演講時，好幾次我都會發現：如果那一場演講是以「說故事」作為開場白，往往最能夠吸引聽眾，而且最容易也最快把聽眾的注意力集中起來。聽眾不但對故事注意傾聽，而且還記憶長久，日後自己一有機會，便自動對別人重述他所聽過的故事，因此，這個故事的內容與觀點或多或少也就成了他自己說話的內容與看法，這也說明了我們已經接受了所聽到的故事的影響了。

這本書裡的故事，有的選錄自明代小說《警世通言》；有的是從《台灣民間傳奇》中摘錄出來的；有的是流傳於古代的故事或寓言；還有一些是親身經歷過的事實或菩薩慈悲顯靈的事蹟；再者，有的則是佛教經典裡的故事。

故事就是例子，舉例能讓深奧的理，成為淺顯易懂的事，由事顯理，讓人明理，即能收事半功倍之效。故事中的他山之石可供我們學習，使人心嚮往之，甚至作為借鏡。在修行的這條路上，林林總總，大大小小的故事，其實都是為我們「作證轉」，這些故事能深耕我們的信心、激發我們的願力，一個小小的故事，一旦投入心湖，都有可能發動宿世所薰習的佛種，進而激起漣漪般的願行，讓佛子提起勇猛精進的心，不斷前行。

本書的完成，首先要感謝香海文化執行長孟樺小姐的用心，希望能將我的這本故事選集發行繁體中文版，為了給讀者更多的方便，還特地邀我進錄音室「說故事」，貼心製作了幾則故事CD，搭配本書一起出版，讓更多的人能因此書受益。也要感謝協助文字整理、繪製插圖、美術編輯、CD幕後製作等各位同仁們共同的努力，讓這本書以不同的面貌，再一次與大家結緣。

最後，祝福大家都能心生歡喜受用，菩提日日長。

定和尚說故事

推薦序一 聽故事，開智慧／星雲大師 …… 2

推薦序二 一本令人「斷疑生信」的好書／沈明信 …… 5

自　序 故事的開始 …… 9

相信因果——活在光明與幸福的良方

因果不昧 24

事實上，鬼神是存在的。只是，不是每一個人死了之後一定做鬼，而是按他在生時所做的善惡業力來決定。

忌妒之火 30

「淫」與「殺」是造成一切眾生死生迴圈，輪迴不止的根本條件。而一切有情眾生最難捨離的是「淫」，最易觸犯的是「殺」。

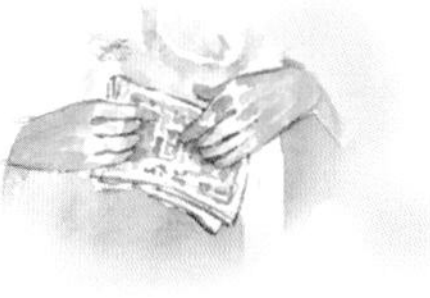

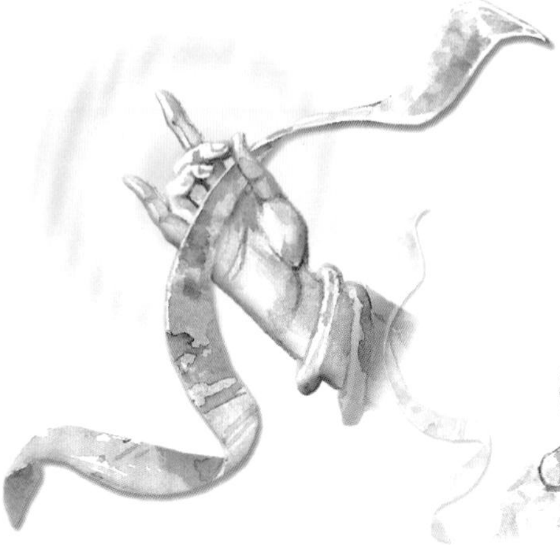

積善之家　必有餘慶　36

即使張氏不中狀元，而張父此種毀家救人的善行，亦足以為社會之表率，宜其後嗣昌達了。因此，我們應該確信「積善之家，必有餘慶」。

欠債還債　無債不來　44

因緣不同，結果不同，結善緣者，來生恩愛；結惡緣者，來生討債，因果迴圈，如影隨形，不可不慎！

宿業能轉　52

眾生我執強重，難免造諸惡業，哪一生哪一世業報現前，無法察覺。唯有的方法是多行善事，莫造惡業！

心靈加油站——相信因果　58

了知輪迴─解脫無始以來不由自主的纏縛

一念升沉 62

本意還金兼得子，立心賣嫂反輸妻；世間惟有天工巧，善惡分期不可欺。

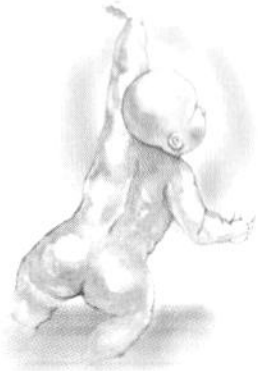

一起投胎 72

我們反思一下，自己一生辦了多少利益衆生的好事，做了多少危害衆生的事。衡量一下自己的下場，若投到畜生、餓鬼、地獄時，再後悔也來不及了！

人面瘡的故事 76

一個人的禍福命運，都是自己的心感召而來的。世間之人，應該要修心正志，所謂「行仁義，存慈悲」，來消除災劫。

一名修行者的輪迴 88

當一個佛子跪在自己佛陀面前時，他明白了自己的宿命，在學佛的道路上又前進一步的時候，又怎麼不激動呢？

以慈悲為裝扮 96

我們對人不要有傲慢或輕視的態度，對於出家人也不可生起輕慢的心，因為這樣對佛教沒有好處，對自己卻有損品德，甚至影響自己來生的果報。

周利盤陀伽的本生故事 106

看啊！佛陀遍照一切，如芬芳的紅蓮。在清晨開放，又如中天輝耀的日輪！

心靈加油站——了知輪迴 122

積福修慧—成就無量快樂與智慧的未來

一句話的力量 126

一言以喪邦，一言以興邦。這說明了語言力量之大，甚至足以影響國家興亡。所以我們在說話時，切記要經過思考才說出來。

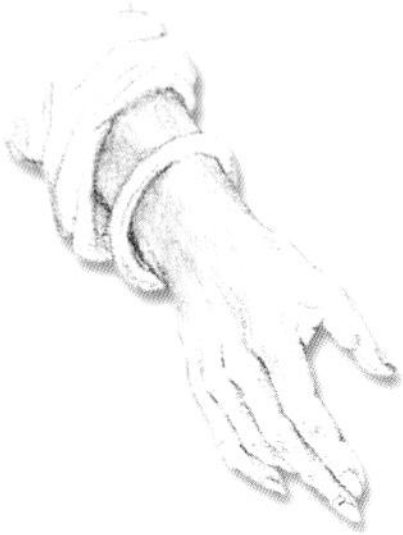

延壽妙方 136

您的生命是永恒的，這個娑婆世界，苦難很多，您現在要移民到極樂世界去。您平時做很多好事，修很多功德，阿彌陀佛會親自來歡迎你唷！

觀音救三難 144

每當看到觀世音菩薩的靈感事蹟，就對菩薩的慈悲，更是深信不疑，如果更多人知道菩薩的慈悲感應，也就有更多人得到菩薩的保佑，而消災解厄，平安吉祥。

一切由心 154
善與惡，天堂與地獄，只在一念之間。一念善，即是天堂；一念惡，即是地獄。

口生蓮花 162
受持《金剛經》，主要是以般若空性智慧，引導五度波羅蜜——布施、持戒、忍辱、精進、禪定等，以及四攝法門——布施、愛語、利行、同事等，福慧雙修，從而證入無上菩提為理想目標。

誦經功德不思議 168
《金剛經》強調菩薩的修行一定要發大菩提心，行六度四攝法門，特別是要度一切眾生入於無餘涅槃，這是大悲心的極致。所以《金剛經》是徹底的人間佛教，是人間菩薩修行的寶典。

心靈加油站——福慧雙修 176

明察善惡——生活在從樂入樂從明入明的善循環裡

不欺暗室 180

人生在世，壽夭貧富，雖說命中註定但更重要的是今生的努力。為善獲福，作惡招災，依人心之善惡，可隨時改變。

心轉，運轉 186

心正無邪，且堅持道德觀念，現前免去砍頭之災，又獲良妻之福，且其後福必定不可限量。

虛榮的代價 194

如果女人家相夫教子，知道勤儉致富，則家道興旺；如果虛榮心強，奢侈浪費，則家道中衰，自古以來，大都如此。

一把刀筆濟世間 204
說話要厚道，文字也要厚道，尤其文字可以流傳下去，所以更要以勉勵別人的文字救人濟世，切忌以苛刻銳利的文筆，傷害別人。

相煎何太急 210
總之狗咬人也好，人咬狗也好，到底是一件互相殘殺的事，為什麼不人人戒殺放生，人我和平相處，以促進世界大同？

棄老國 218
恭敬耆宿長老，有大利益。有什麼利益呢？就是可以聽到一些不曾聽的事，以前不瞭解的，現在瞭解了。

心靈加油站——明察善惡 228

歡喜捨得——讓原本一切為我的心重獲自由

奇蹟 232

有人說，世界上無論什麼事，在冥冥中都有一個「緣」字，我信仰佛教，也許就是由於這一種緣分吧。

奇遇 260

我們對每一個前來乞求幫助的人，都該熱誠地援之以手。他們或許就是雙翼隱藏在襤褸衣衫底下的天使化身，即使他不是天使，你的善行也會使你的內心獲得欣喜與安心。

寬恕 268

其實，寬恕能助長我們的氣度，寬恕是人我之間相處的潤滑劑，也是胸襟、氣度的試金石。

地藏殿傳奇 276

一個施恩不望報，一個定要感恩圖報，都值得後人效法和崇敬，難怪嘉義老一輩的人提起此事都有口皆碑、津津樂道。

依裏沙長者本生因緣 290

任何一個人的個性，幾乎都跟過去世有銜接遺傳的關係。如果遇到善知識，給予方便善巧的指點，也都能改慳吝為喜捨心的。

放下情欲，身心自在 312

真正的放下，不但要放下身外之物，而且要捨棄所有錯誤的知見和煩惱。

心靈加油站——慈悲喜捨 324

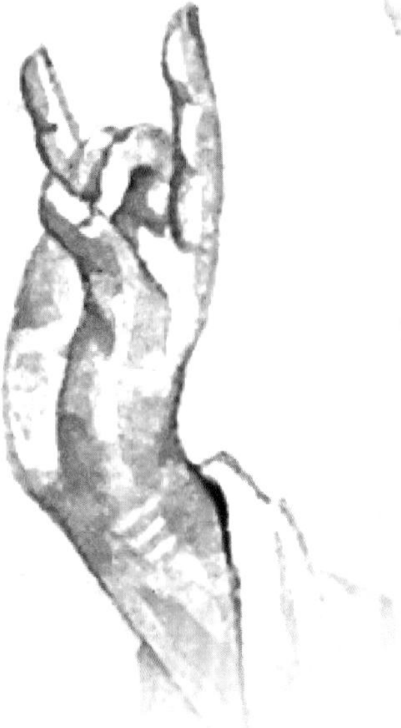

相信因果

活在光明與幸福的良方

佛家常強調因果、善惡報應，時人多不信。
因緣不同，結果不同，所以結善緣生天，結惡緣生三惡道。
結善緣者，來生恩愛；結惡緣者，來生討債，
因果迴圈，如影隨形，不可不慎！

因果不昧

一般人相信人死後就會變成鬼，從佛教的觀點來看，六道眾生之中，鬼神同道，皆屬於鬼道眾生。一般人因為不容易看到，所以也不容易相信。事實上，鬼神是存在的。只是，不是每一個人死了之後一定做鬼，而是按他在生時所做的善惡業力來決定。

現舉電波與電視的例子，來具體說明鬼神存在的事實。人類的肉眼無法看到電波，唯有經過壓縮、解讀等等程式，人們才可以在電視螢幕上看見影像、聽到聲音。如果我們把鬼神也想像成電子類，除非經過特殊過程，才可以看到，我們就不會因為自己看不到鬼神，而說鬼神不存在了。

鬼和人一樣，都是六道眾生，一樣受業力牽引，在生死輪迴中流轉。鬼，生性怯畏，除非前世有深仇血恨，否則他不會傷害人。他們看到人會閃避，就像蛇看到人會逃走一樣。只是，如果它發現來不及逃跑時，便會出自於防衛地攻擊人。同樣的道理，人如果不去干擾鬼，鬼是不會來傷害人的。鬼會傷害人往往是因為那個人前輩子與他有瓜葛，結了惡緣。要化解的話就是平日要多行善，用善念來攝受、感化他們。

種何因，得何果，因果是如何也躲避不了的世間定律。以下與大眾分享一則故事，希望大家引以為鑒。

中國桐城南門有一個張祥生，他聽說鄰居謝達自台灣台南回來後，擁有巨財，成了富翁，心中非常羨慕。別人問謝達得財的因緣機遇，他說：「現在的台南，景氣相當好，街頭賣菜，每天至少獲利四五十元，若巷間求乞更好，每戶一舍最少就有一元。

我經營水果、雜糧的買賣生意，每天也有上百元，得利多而花費少，因此而有如此鉅資。」聽的人莫不羨慕萬分，包括張祥生在內，都想等謝達下回再出門，一起到台灣去。

然而，事實上謝達已無意再前往台灣。祥生等得不耐煩，就一個人搭船直抵台南。可憐的他，身在異鄉人生地不熟，舉目無親，無法營生，結果最後流落當乞丐，日子過得非常困苦，有一餐沒一餐的，這才覺悟當初被謝達誆騙了。

有一天晚上，下了一場傾盆大雨，祥生躲進一間破屋，更深夜靜，忽見一鬼，披髮咋舌，非常兇惡。祥生大喝一聲：「我是桐城遠客，漂泊此地，作個窮鬼，我還怕你這鬼！」說完就磨拳擦掌要打過去。

那鬼見祥生威猛，馬上退下變為一位美女，問祥生：「你既是桐城人，可認識謝達？」祥生說：「謝達與我同街，當然認識。」美女哭泣著說：「我要報冤仇，正要你幫助啊！」

祥生問她有何冤情？美女答：「我本是良家閨女，只有老母靠我侍候奉養，尚未招夫。謝達查知我家還頗富有，於是托媒撮合，入贅我家。不料，他竟然心存不軌，巧設機謀，騙取我的家財而去。我老母因此憂鬱而死，我也無人依靠，也就上吊自殺。至今陰魂不散，只為報冤。你若能帶我坐船過海去找謝達，則感激不盡。」

祥生感歎道：「我已落魄至此，哪有路費？」美女說：「我還有一些金銀首飾，埋在這屋子底下，因怕被人掘取，所以化為厲鬼，顧守於此。你若肯渡我去桐城，願以所埋財物，報答君恩！」祥生問：「陰陽異路，你怎麼與我同行？」美女說：「你可以藉暗語來引導我，只要在下船、過橋，或是經過神廟佛寺

時，叫我一聲『春梅』，我就可以一路同行。」祥生答應了，春梅女鬼即指示埋藏金銀首飾之處，共計千金之多，於是買船約鬼同行。

抵達桐城，祥生將女鬼引至謝家，說：「這裡就是謝達家宅。」春梅女鬼叩首答謝，就從後門而入。祥生尚未轉步，就聽到屋內碗碟破毀，桌倒椅壞之聲，屋內傳來叫嚷聲：「哪來的鬼怪，連神龕都破壞！」祥生知道是女鬼作祟，趕緊告訴謝達及其家人，謝達頓時驚嚇得面色鐵青。

為化解這段冤仇，謝達趕緊請道士作法收妖，可仍不見成效。一個多月後，謝達被發現上吊自殺而死，家中才恢復安寧。

故事中的謝達騙人財物，破人貞節，始亂終棄，最終報應分明，不差毫髮。因此奉勸世人，莫說陰魂渺茫而作虧心事，今日的所做所為，他日必將結成果，屆時的一切也只能自己承擔了。

事實上，鬼神是存在的。只是，不是每一個人死了之後一定做鬼，而是按他在生時所做的善惡業力來決定。

忌妒之火

星雲大師曾說：「為人在世什麼都可以不信，但不能不信因果。」因果報應的故事，大家聽了很多，可是有沒有真正做到「深信因果」呢？

這裡舉一則因果的故事，警惕大家：

過去中國有一名貴族，因為婚後一直無子，於是便再娶了一名小妾，希望可以誕下一男半女繼承祖宗香火。過了一年，小妾不負所望，生下了一個男娃，這真是天大的喜事，母子二人都深得家人的寵愛。元配夫人表面上也很喜歡，不過，妻妾朝夕相處，終究難免因為妒嫉而生起瞋恚之心。

正所謂日子久了，積怨越深，真的是什麼樣的惡念和計謀都想得出、做得出。果然，大婦裝著很疼愛小兒，常常懷抱小兒。有一天，她趁人不備，狠心對小兒暗下毒手，小兒啼哭不止，終至死去；但全家人皆不知小兒究竟因何而亡。小兒的母親悲痛欲絕，日久之後，略知是被大婦所害，心中含怨，不久也鬱悒而死。

一年之後，大婦生了個容貌極美的女兒，可是未滿一歲時便夭折了，大婦喪女之哀痛，遠超過小妾喪子之悲。

後來，大婦又產下一女，比前更加美麗，不過數載又亡；就這樣子：懷孕、流產，或生產之後又養不大，如此折磨，已經過了七胎。

當懷孕第八胎時，大婦更加小心翼翼，既怕流產，又慮夭

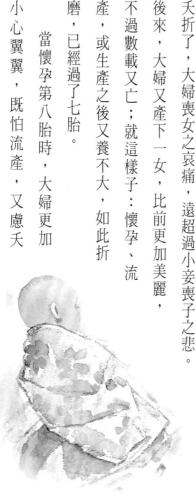

折。胎兒在期盼中呱呱落地，但是卻得了難以醫治之病症，不能跌傷、碰傷，一旦刮傷就血流不止；身體羸弱，病痛不斷。從小就像被捧在手心一樣地呵護著，擔心她中途又夭折了。在孩兒身上所花的金錢，隨著她長大而增加，可是到了十四歲亭亭玉立的時候，又病死了。

大婦日夜哀傷，不眠不食，連棺木都不忍覆蓋，每天凝視著棺木裡的女兒，見她容顏始終姣美。

直到有一天，一位高僧經過，告訴她生死輪迴的定律；高僧同時又告訴她：「『淫』與『殺』是造成一切眾生死生迴圈，輪迴不止的根本條件。而一切有情眾生最難捨離的是『淫』，最易觸犯的是『殺』。

凡人只相信自己肉眼所能辨識的事物，鬼神則能洞悉人們的心裡在打什麼主意，做了一些什麼不為人知的事情；所以『陽法縱有冤曲之可能，而陰譴則無遁逃之機會。』……」

這些話如雷巨響，在大婦耳中、腦海裡，以致在整個房屋中迴蕩不止……她悚然驚懼，終於漸漸恍然大悟，停止了哀傷；再走到棺前俯視女兒的屍體，不覺得容顏姣美，只覺得臭不可聞。於是，她當下立刻懇請高僧為她皈依受戒，徹底懺悔以前自己造作的惡行。

第二天，夫婦兩人隨同高僧前往寺院的路上，一條毒蛇盤踞在路上不讓。高僧知道原委，知道這條蛇是為報仇而來，便為其開示；大婦也匍伏於地，悲泣地祈求懺悔。高僧為毒蛇授三皈五戒後，勸它：「莫再瞋恨，陷自己於惡道之中，外形醜陋，令人生厭；若遇強者，忿而殺之，則又命在旦夕。生生死死，無有結束之期。」

片刻之後，毒蛇即昂首遊移而去。

一生沒有子女，是有因緣的，古書云：「邪淫之人或奸人妻女者，得後嗣滅絕之報。」故事中的貴族，究竟曾犯下什麼惡業？只有他自己知道。但是，沒有後代，並不是娶妻納妾就能如願，反而因妻妾之間妒心如火，蔓燒無止，最後弄得家庭失和，鬧出人命。母子俱斃，冥冥中之怨魂豈肯捨離？害人後又能留住孩子的生命多久呢？這就要看冤結能否化解！大婦還算幸運，遇到高僧指點迷津，否則死後墮落惡道，更不知要受多少苦呢？

大千世界芸芸眾生之中，每個時刻在不同的角落，都會發生看似巧合又覺得奇怪的事。這就必須用心去觀照，而不是用肉眼去看。對於當前的社會亂象，我們應該引以為戒，檢點自己的思想與行為，積極效法古德，學習向善，禍事才不會找上門來。凡我佛教徒，更要嚴守戒律，不可犯殺生、邪淫戒。

「淫」與「殺」是造成一切眾生死生迴圈，輪迴不止的根本條件。而一切有情眾生最難捨離的是「淫」，最易觸犯的是「殺」。

積善之家　必有餘慶

這是清朝末年慈禧太后時候的故事。

張謇，別號季直，祖籍安徽，幼年貧困，無以為生，幾經奮鬥，竟然在滿清光緒年間得中了狀元。

關於張季直會被選中狀元，據說他的老師翁同和呈上試卷的時候，他的試卷原本是第三本，排放在最末的，第一本乃是學問較好的沈衛。

慈禧太后審核他們的試卷時，看見了第一名沈衛的卷子，覺得他的字體纖秀，又覺得在哪兒見過這樣的字體，便擱在一邊考慮。再審核其他兩本，看到第三名張謇的一本，覺得字體剛勁，看完就順手擱下，卻放在第二本之上，成了第一本。

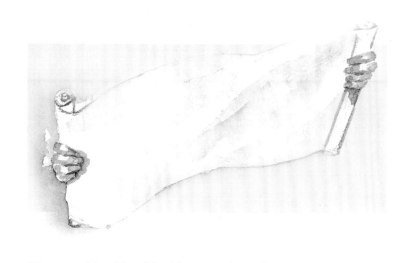

那時，某貝勒來求見，談起點元的事，慈禧太后即說沈衛的字體纖秀，好像在哪兒見過，貝勒答道：「前幾天臣給老佛爺看的那幾首詩，便是在八大胡同妓院中得來的，是進士們做的詩，不知是不是這種字體。」於是尋找出來與沈衛的卷子對照，卻是一模一樣，儼然出諸一人手筆。慈禧太后便說：「風流學士，中了恐非棟樑之用。」便不予錄取。

而看原來的第三名卷子，再說：「張謇的字體剛勁，性必梗直，恐難駕馭。」因而遲疑未決。貝勒進言了：「現在國家有難，正需剛毅正直之士以為國家所用，還請老佛爺考慮。」語到此處，因有其他的事而終止。

第二天慈禧太后再決定之時，三本卷子只有二本，沈衛一本散失了，遍尋不著，她就點了張謇的一本，由第三名而變為第一名了。

季直高中狀元之後，到翁府謝師，翁氏向他說：「我實在告訴你，你的文章沒有沈衛做的好，而且我是放在最後。何以太后點中了你，想來你曾做過積德的事吧。」季直答道：「學生年輕，曆事甚少，沒有做什麼善事。」翁氏笑道：「那麼一定是你的祖上積德了。」因而告訴了從貝勒口中傳出他之所以得中狀元的經過。

他回家以後，偶爾與太夫人談及，詢問是否先人有積德之

事，太夫人慈祥地說：「我記得你的父親做過一件事。從前家貧，他只是擔麥芽糖兌換破爛雜物以維生。一天晚上歸來，我在一卷碎棉襖中發現有一百六十元大洋錢，問他何以不知道？他說因為當時生意很忙，沒有打開看它。我勸他送還人家，這時已經很晚了，記不得是什麼人的東西，只記得在某一村兌換這卷棉襖，當夜帶了這些大洋錢，要去退還原主。

「到了某村，只見一家有燈

光射出，想去探問是何人兌糖，由門縫望去，登時駭得魂不附體，原來室中有三人連環吊在梁上，即推門而入，解救下來，見尚未死，遂向他們說：『你們若是失掉了洋錢，我為你們送還來了。』老翁氣息奄奄的說：『這筆錢是送給你的，你拿去吧。』

「他奇怪極了，天地間哪有在全家自殺之前，還將錢送人的道理？就問他們為什麼要尋短見？老翁才說：『我們兩夫妻只有這個媳婦，因為欠了本地某人三百元，很久沒還，現鐵限在三天之內償還，他是惡霸，到期不還，我們的性命難保。乃求得媳婦同意，賣給人家作妾，身價銀只有一百六十元，錢已交來了，可是不能償清債款，媳婦又不願出門了。一家人無法，只好全體自殺，因為你是老實人行為甚好，所以決定把這筆錢送給你，可以改做別的生意。這筆錢對我們已無用處，對你卻有幫助，你快些帶回去吧，還是讓我們死好了。』

即使張氏不中狀元，而張父此種毀家救人的善行，
亦足以為社會之表率，宜其後嗣昌達了。因此，我
們應該確信「積善之家，必有餘慶」。

「你的父親更為奇怪了，人到了自殺之時，還能濟助窮人，真是難得，便自告奮勇地說道：『既然你的媳婦不願出門，就先把這一百六十元送還男家，解除這家婚約。我在三天之內，為你們籌備三百元還債好了。』

「老翁慘然微笑道：『你是在做換糖小生意的人，哪兒會有錢呢？』『這個你不用管，總之還有三天功夫，到期我送錢來。』說罷放下了那一百六十元，就回家來了。我聽見你父親講述這些經過，卻恨他一時亂說大話，哪兒能夠籌集這三百元的鉅款？殊不知他竟將自有的三間茅屋賣去了，但僅得二百四十元，不足的六十元，連祠堂的供祀神主位也出賣給族人而得了六十元，才湊足三百元送到那戶人家，以還這筆閻王債，算是救了三條性命。」

張謇也想起了他中舉之後請神主入祠堂時，族長不許他安放，說是：「你的父親已將安置神主權出賣了。」證明太夫人的話是事實，又聽太夫人說：「我們夫妻無處安身，就只好住在涼亭（過往行人避雨休息之所）中，我在那兒身懷有孕，就是你了。你今能陰差陽錯的得中狀元，恐怕就是這件事吧。」

過去科舉時代，常有這類因果之說，張季直是正人，此說似非虛妄；而沈衛以尋花吟詩，因字體纖秀，雖有應中狀元之才，竟不得中。張謇無沈衛之才，竟因字體剛勁而得中，豈真是功名另有「冥數」嗎？即使張氏不中狀元，而張父此種毀家救人的善行，亦足以為社會之表率，宜其後嗣昌達了。因此，我們應該確信「積善之家，必有餘慶」。以菩薩道來說，這就是所謂的難捨能捨，難行能行了！

惜福惜福
點滴之福亦當惜
惜緣惜緣
微小之善亦當行
——心定和尚

欠債還債　無債不來

佛家常強調因果、善惡報應，時人多不信。但我們看，中學的物理課都在教授「因果定律」，世間一切無不在講因果，這因果又怎能不信呢？

在這裡說一則三世因果報應的故事：

故事發生在中國東北的一個農村。村中有一對夫妻，膝下只有一名獨生子。這獨生子從小體弱多病，夫妻二人對這命根子真是寵愛有加，要什麼給什麼。為了給孩子治病，幾乎花光了家中的所有財產。

等這個孩子長到十八歲的時候，有一天，孩子指著家中唯一剩下的一匹大花馬說：「我要吃馬肉，把這匹馬殺了。」夫妻倆

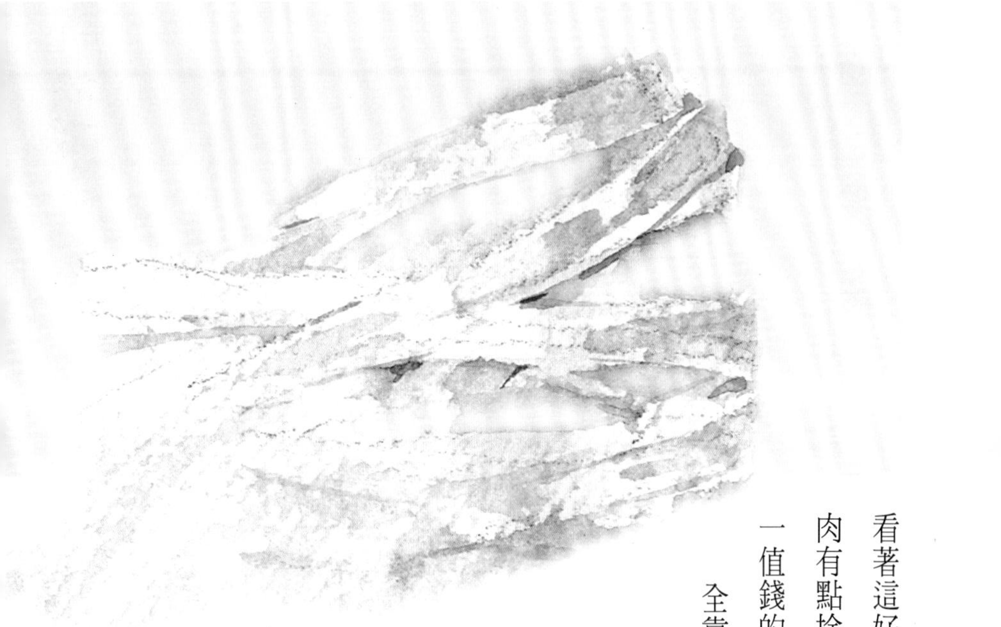

看著這好端端的馬，要殺了吃肉有點捨不得，這可是家中唯一值錢的牲口了，地裡的活兒全靠這馬來幹呀！

偏偏兒子又在床上一個勁地喊：「快殺馬，我要吃馬肉，我非要吃這匹馬的肉，晚了我就吃不著馬肉了，我快死了！」

夫妻倆看著

老和尚說：「只有棄惡從善，重新做人。吾佛慈悲，能化一切難，能解一切迷，能了一切緣……」

兒子要死要活一定要吃這馬肉，就狠下心把馬給殺了，燉了一鍋的馬肉。不料吃了一碗馬肉後，不到一個時辰，這個寶貝兒子真的就躺在床上死了。夫妻二人嚎啕大哭，鄰人多次相勸也無濟於事。

兒子的死對二人的打擊太大了，回想起自從兒子一出生，就給這個家帶來了無窮的災難，耗盡心思，費盡家財，現在連給孩子發喪的錢都沒有。草草葬了孩子之後，二人只覺得失去生活的樂趣，整天以淚洗臉。

後來，有人給他們出主意說：「南山上有個廟，裡頭住有個老和尚，能解破許多離奇怪事，不如到廟裡向老和尚問一問你兒子的事。」

於是，這夫妻倆來到南山廟中見到老和尚說明來意。老和尚先沒說話，閉目禪坐了半天，才緩緩說道：「你們二人與你們的兒子有前世的孽債要還，你們想要知道詳細的情況麼？」二人聽了立刻匍匐在地一個勁給老和尚磕頭說：「我們說什麼也要知道事情的真正原因，請老方丈詳細說一說。」

老和尚慢慢地說起來：「前世，你們的兒子是個有錢人家的千金小姐。在她十八歲那年，有一天，父母帶著她去找親戚。不料，在途中被一夥強盜所劫。當時的強盜頭子這一世轉生成了你們家的大花馬，你們夫妻二人當時是這夥強盜的小嘍囉。這夥強盜，包括你們二人在內，搶光了他們的財物，殺死了小姐的父母，那個強盜頭子還強暴了這位小姐。

「事後，小姐不甘受辱，在山崖邊說了句：『來世一定要吃這頭目的肉，以解心頭之恨！』說完就跳山崖而死。後來，強盜頭子因為行惡太多就轉投畜牲道，而你們轉生為人來償還欠那小姐的前世冤債。」

小姐不甘受辱，在山崖邊說了句：「來世一定要吃這頭目的肉，以解心頭之恨！」說完就跳山崖而死。

夫妻二人聽了有些半信半疑，這和尚的話是真的麼？老和尚似乎看出了這二人的想法，就說：「如果你們不相信，請二位施主在本廟住上一夜，今晚發生的事可以驗證老衲的話。」於是，二人就在廟中住下。

到了半夜的時候，兩夫婦迷迷糊糊就像做夢一樣，聽見外面有人敲門。夫妻二人想起老和尚的話，也不敢去開門，外面的敲門變成了砸門。如此一來，二人更是害怕，他們脫去衣服放在床上，人卻鑽到床下躲起來。

不一會兒門被砸開了，只見進來的人正是他們死去的兒子，手中拿一杆長槍，怒氣衝衝，直奔床前而來，對準床上的被子和衣服一陣亂戳，嘴裡還嚷著：「殺死我父母的強盜拿命來！逼死我的強盜拿命來！」天快亮了，他才住手，到外面騎著馬走了。

天大亮時，這嚇得半死的夫妻才從床下爬出來。他們穿上衣服來見老和尚，並講了夜裡似夢非夢的事。老和尚笑著說：「老衲所言不差吧！你們欠那千金小姐的債已還，可那小姐父母的命，人家可還要索取呢！」

夫妻二人聽了大驚失色，倒地便拜，請老和尚指點迷津。老和尚說：「只有棄惡從善，重新做人。吾佛慈悲，能化一切難，能解一切迷，能了一切緣……」

於是，夫妻二人從此吃齋念佛，成了虔誠的佛門信徒。這件事在當地流傳下來，告誡人們千萬不要做惡事、做壞事，否則，今生不還，下一世也得要還的。

因緣不同，結果不同，所以結善緣生天，結惡緣生三惡道。今生男，來生可能是女；今生女，來生可能是男。結善緣者，來生恩愛；結惡緣者，來生討債，因果迴圈，如影隨形，不可不慎！

宿業能轉

十多年前，馬來西亞吉隆坡，靠近安邦路的地方，有一棟十多層高的大樓倒了下來，裡面住的人幾乎都死了，只有馬克林的管家——印尼女傭及其快一歲大的兒子，倖免於難。受難者的家屬，個個悲傷流淚或痛哭，馬克林及其夫人陳孟娟，因為家裡有人照顧打

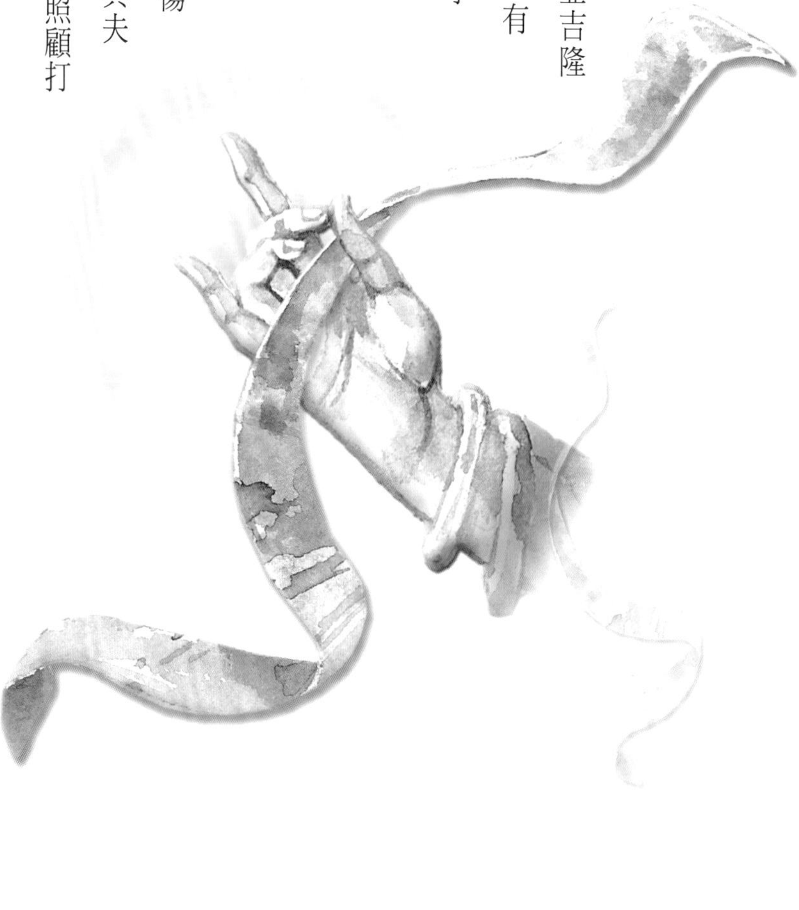

理，所以下班後，先去逛街，也因此逃過一劫。

我和馬克林二十年前就認識了，災後，有一次見面，他告訴我一些狀況，讓我更體會到一些道理：一、行善積德可消除業障；二、人人前生都有業障，現生何時現行難測；三、該報的逃不過；四、人不可以自殺，自殺死後，仍在鬼道受苦。

回憶往事，馬克林告訴我，他和太太陳孟娟曾經有一次到馬來甘榜，看到印尼籍的一位婦女及其出生不久的兒子沒地方住，樣子很可憐。馬氏夫婦生起憐憫心，將她帶回家中安頓，打理家事。就因為這樣的善行，積下的陰德，讓他們在塌樓事件中得以逃過一劫。

同樣在塌樓的現場，據說有一個人，到了那棟大樓的第六樓拜訪朋友。門關著，他就用行動電話聯絡，朋友說：「塞車很厲害，可能還有一段時間，請你先回到自己的車子等我。」可是這位訪客卻回答說：「沒關係，我就在你家門口等一下！」結果就冤枉死了。業報現前，真是逃不過。

馬克林說，他自己從出生以後，就不曾見過親生母親，都是養母帶大的。事故發生以後，他夢見養母帶著母親來見他。在夢境裡他看到一位十七、八歲的姑娘，很莊嚴，抱著一個小娃娃，姑娘將娃娃放在田埂上，然後跳井自殺。馬克林才知道，那是他母親，大概是日本兵攻打南洋群島時侮辱良家婦女，有些婦女因此自殺了。

夢境中，他的母親說：「你雖然沒有房子財產了，但是不可以自殺，自殺後仍然要受苦的。」大概在鬼道中受苦，真的很難受。他母親又說：「你這次第三次災難以後，我就不容易再見到

你了！」

馬克林說：他曾經開車撞到卡車底下，被搶救回來沒死，這是一劫。另一次，在機場準備劃位時，有一位朋友拍了他的肩膀說：「喂！馬克林，到哪裡去？」

馬克林回答說：「到某地辦事。」

朋友說：「嗨，不要去啦！今天我的生日，晚上陪我吃飯。」

馬克林說：「不可以啦，助理都進去了！」

朋友說：「沒關係啦！就讓他去辦啦！」

就在這個時候，後面的人插隊進來，請航空人員先為他劃位。結果就因為客滿而取消行程，據說那班飛機升空後不久，就發生空難。因為馬克林有事先訂位，所以被列在死亡名單中，但卻有人當替死鬼，而他逃過一劫。連同大樓倒塌，他一生共有三次的大災難，都因時時積德修福而逃過了。那位插隊劃位的人，業報現前真的逃不過，趕著見閻王去了。

馬克林的母親，墮在鬼道受苦五十年了，也該投胎轉世了。如果做人，就沒有神通，無法照顧兒子了，所以她才說：「你這次第三次災難以後，就不容易再見到你了。」

眾生我執強重，難免造諸惡業，哪一生哪一世業報現前，無法察覺。唯有的方法是多行善事，莫造惡業！

眾生我執強重，難免造諸惡業，哪一生哪一世業報現前，無法察覺。唯有的方法是多行善事，莫造惡業！

相信因果

星雲大師說：「你可以不相信宗教，但是你絕對要相信因果」。因果問題，屬於佛教的基礎理論，也是佛法的核心。不明白因果，就不可能真正懂得佛法。所以，釐清因果問題，是學佛的一個重要前提。

我們凡做一件事，說一句話，甚至起一個念頭，都是在種因，在造業。所謂「善有善報，惡有惡報。」有什麼樣的善因，就有什麼樣的福報；有什麼樣的惡因，就有什麼樣的苦報。這是客觀的規律，稱為「因果規律」。所以，星雲大師強調，因果是不會欺負人，種什麼因得什麼果，如是因如是果，世間上什麼都能騙我們，因果不會騙我們。

命運的產生，其實就是三世因果的現象。就佛教來講，生命是通於三世的，我們每個人都有過去、現在、未來三世流轉的生命。因為生命是三世循環不已，而三世循環的生命就是靠著累世所造作的「業」來貫穿，所以我們今生的命運好與壞，不是現世因緣才決定的結果，而是過去久遠以來多生多世所累積的善惡業力，到了此生都能現前，都能發芽，都能生長，因此今生的幸與不幸，除了今生的行為因素以外，也與過去世的因緣有關。

總之，因果規律是佛法的核心，不懂因果，就不懂佛法；不信因果規律，就得不到佛法得利益。所以，大家都應認識因果，深信因果。

了知輪迴

解脫無始以來
不由自主的纏縛

因果報應、六道輪迴，可謂真實不虛。
我們應反思，自己一生做了多少利益眾生的好事，
做了多少危害眾生的事。
所以，我們要時時刻刻種植德本、做有益國家社會的事，為一切眾生服務。

一念升沉

明代小說《警世通言》記有一則發生在南京附近的故事：

江南常州市無錫縣東門外，有個小戶人家，兄弟三人。大的叫做呂玉，第二個叫做呂寶，第三個叫做呂珍。呂玉娶妻王氏，呂寶娶妻楊氏。都長得很端莊。呂珍年幼未娶。

王氏生下一子，小名喜兒，方才六歲，跟鄰舍家孩子出去看迎神賽會，夜晚不回。夫妻都很煩惱，貼出了一張海報尋人，街坊上叫了幾天，都找不到人。呂玉心情非常鬱悶，告別了王氏，出去做生意。

一日早晨，呂玉來到陳留地方，偶然去廁所方便，見坑板上遺下個青布包裹。打開看時，都是銀子，大約有兩百兩左右。呂玉心裡想道：「這天賜之財，帶走也無妨，但是失主找尋不到，一定非常著急。古人見金不取，拾金不昧，美德可佳。我今年過三旬，尚無子嗣，要這橫財何用？還是在此等人來找尋，就將原物還他吧！」

等了一天，不見人來，呂玉第二天只得帶著子動身。到了南宿地方，在客店投宿，遇著一個同下客棧的客人，閑論江湖生意之事。那客人說起自己不小心，五天前的清晨，到陳留縣解下行李上廁所時，偶然遇見官府的一隊人馬在街上走過，心慌起來，趕快離開，卻忘記了那行李，裡面有兩百兩銀子，直到夜裡脫衣要睡，方才想起。想著已經過了一天，可能早就被人拾去了，轉去尋覓，也是徒勞無益。

呂玉便問：「仁兄尊姓？高居何處？」客人道：「在下姓陳，在揚州鎮上開個糧食鋪子。敢問仁兄高姓？」呂玉道：「小弟姓呂，是常州無錫縣人，揚州也是順路，何妨相送尊兄一程。」二人來到揚州陳家鋪子。呂玉先提起陳留縣失銀子之事，盤問他布包模樣。陳君回答說：「是個深藍青布的，一頭有白線緝繡一個陳字。」呂玉心下明白，雙手將兩百兩銀子遞還陳朝奉。陳朝奉喜出望外當下願與呂玉均分，呂玉不肯接受。

陳朝奉感激不盡，擺設筵席相款待。問道：「恩兄令郎幾歲了？」呂玉不覺掉下淚來，回答說：「小弟只有一兒，七年前為看神會，走失了，內人也一直沒有再生育，很想領養個義子，只是難得有這般湊巧的因緣。」陳朝奉道：「舍下數年之前，買得一個小男孩，如今已十三歲了，就送與恩兄服侍左右，也當我一點報答之意。」當下便教掌櫃店員，將喜兒帶出來。

呂玉聽得名字與他兒子相同，心中感到疑惑。等到小男孩出來時，呂玉仔細認出兒子面貌來，記得兒子四歲時，因跌損左邊眉角，結一個小疤兒，有這點可認。呂玉便問道：「你原是哪裡人？誰賣你到這裡來？」男孩回答說：「不十分詳細，只記得父親叫做呂大。還有兩個叔叔在家，娘姓王，家在無錫城外。小時被人騙出，賣在此間。」呂玉叫聲：「親兒！我正是無錫呂大，是你的親爹了！失了你七年，何期在此相遇啊！」

正是：水底撈針針已得，掌中失寶寶重逢；筵前相抱勤殷認，猶恐今朝是夢中。

呂玉起身拜謝陳朝奉：「小兒若非府上收留，今日怎麼能夠父子重逢？」陳朝奉道：「恩兄有還金之德，上天引導您到寒

舍，才能父子團圓啊！」次日呂玉告辭陳朝奉，陳朝奉取出白銀二十兩。呂玉也不客氣地收下來了。叫兒子出來拜謝。呂玉叫了一隻小船，上了船後，只聽得江邊人聲鼎沸。

原來一艘載人的船壞了，落水的人大聲號呼求救。呂玉想道：「救人一命，勝造七級寶塔。何不捨這二十兩銀子做賞錢，教人趕快撈救。」

當下對眾人說：「快撈救，若救起一船人性命，把二十兩銀子賞予你們。」眾人聽得有二十兩銀子賞錢，小船如蟻而來，才一下子，就把一船人都救起。

內中一人看了呂玉就大聲叫道：「哥哥從哪裡來的？」呂玉看他，正是自己的三弟呂珍，合掌道：「是上天幫我撈救兄弟一命。」忙扶上船，將乾衣服給他換了。就叫喜兒見了叔叔。又把還金遇子之事，敘述了一遍。

呂玉問道：「你又為何到此？」呂珍道：「自從哥哥出門之後，一去三年，有人便說哥哥在山西身亡，嫂嫂已是成服戴孝。二哥最近又要逼嫂嫂嫁人，嫂嫂不從。哥哥趕快回家，以安慰嫂嫂之心，遲了就怕會有變卦了。」呂玉聽了非常驚慌，急忙叫船主馬上開船，連夜趕路。

老二呂寶心懷不善，聽說江西有人喪偶，要討一個娘子續弦。對方情願出三十兩銀子，呂寶就將嫂嫂與他說合。

呂寶得了銀子向客人道：「家嫂有些固執，好好請他出門，一定不肯，所以今夜黃昏時分，派人抬轎悄悄地到我家來，只看戴孝鬌的，便是家嫂。更不須多說話，扶他上轎，連夜開船去就是。」客人依計而行。

呂寶恐怕嫂嫂不從，在她跟前不露一字。卻私下對其妻楊氏做個手勢，說道：「那兩腳貨，今夜要出脫與江西客人去了。我生怕哭哭啼啼，先出去外面躲避。黃昏時候，你勸他上轎。」

原來楊氏與王氏妯娌很和睦，馬上跟王氏透露個消息：「我丈夫已將姆姆許配給與江西客人了，黃昏時分，客人就來娶親，教我不要說。我與姆姆感情深厚，不好隱瞞，你有些什麼細軟家私，須先收拾一下。」

王氏叫天叫地啼哭起來：「我丈夫雖死，不曾親見，且等待三叔回來，定有個明確的資訊，如今逼得我好苦啊！」楊氏左勸右勸不果。

王氏道：「既要我嫁人也就罷了，但怎好戴孝髻出門？嬸嬸尋一頂黑髻與我換了好嗎？」

楊氏又要忠丈夫之托，又要姆姆面上討好，連忙去尋黑髻，也是天數，舊髻兒也尋不出一頂。王氏道：「嬸嬸，你是在家的，暫時換你頭上的髻兒讓我戴著可以嗎？」楊氏說：「也

本意還金兼得子，立心賣嫂反輸妻；世間惟有天工巧，善惡分期不可欺。

好！」王氏將自己孝髻除下，換給楊氏戴了。

黃昏過後，江西客人引著燈籠火把，抬著一頂花轎，飛奔到呂家來，呂寶已經給客人暗號。眾人推開大門，只認戴孝髻的就搶。楊氏嚷道：「不是我啦！」來人只是抬她上轎，飛也似抬去了。正是：一派笙歌上客船，錯疑孝髻是姻緣；新人若向新郎訴，只怨親夫不怨天。

第二天早晨，呂寶回來。一進門看不見了妻室，卻見嫂子頭上戴的是黑髻，心中懷疑。問道：「嫂嫂，你嬸子哪裡去了？」王氏將換髻的緣故，敘述了一遍。呂寶槌胸頓足，只是叫苦連天，原指望賣了嫂子，誰知倒賣了老婆？

江西客人已開船了，三十兩銀子，昨晚一夜就賭輸了一大半。呂寶心想，也罷，一不作二不休，再尋個主顧將嫂子給賣了。

正當要出門，只見門外四、五個人一起擁進來，不是別人，卻是哥哥呂玉、弟弟呂珍、侄子喜兒，與兩個腳家，挑了行李貨物進門。呂寶自覺沒臉見人，從後門逃出，不知去向。

王氏接了丈夫，又見兒子長大回家，問其緣故。呂玉敘述了一遍。

王氏也把江西人搶去嬸嬸的情節敘述經過。呂玉道：「我若貪了兩百兩非義之財，怎能父子相見？若捨不得那二十兩銀子，怎能兄弟相逢？若不遇兄弟時，怎知家中信息？今日一家骨肉團圓，都是天意使然的啊！逆弟賣妻，也是自作自受，皇天報應，果然不爽。」從此更加用心行善，家道日隆。

後來喜兒與陳朝奉之女做親，子孫繁衍，五世其昌，出了很多達官顯貴。詩云：本意還金兼得子，立心賣嫂反輸妻；世間惟有天工巧，善惡分期不可欺。

一起投胎

因果報應、六道輪迴，可謂真實不虛。在這裡轉載一則來自中國大陸的真實故事，讓世人做為警惕。

家住南旺鎮柳林村的車主劉某，其妻王氏，曾講述一則親眼目睹的六道輪迴故事。

二〇〇二年四月五日，剛好是清明節，晚上九點半，他家的小客車停在縣城西關的丁字路口待客。沒多久，只見西邊的柏油大道上，急匆匆走來了男女五人。當中一個三十多歲的男士看了車前的行車路線指示牌後，問車主去南旺的哪個村，王氏見有乘客坐車，笑臉相迎，告訴他們是最後一班車，終點是老家柳林

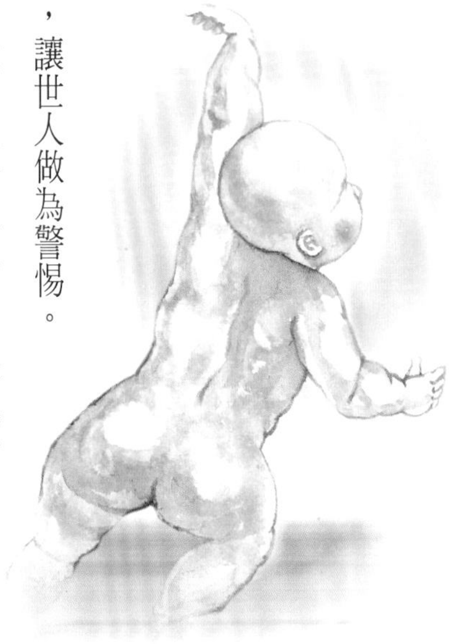

村。

五人一聽，喜出望外，高興地說：「可問到根上了，我們是去您村太生家探望親戚的。」車主熱情地讓他們上車坐下，笑著說：「太生家與我們隔壁，坐我們的車，保證把您送到家門口。」一路上七個人，有說有笑來到柳林村。待車停穩後，五人交給王氏十五元人民幣。王氏指著鄰居太生家敞開的大門客氣地說：「這家就是，你們去吧！」五人致謝後，笑著走進太生家大門。

次日清晨，王氏往門外倒垃圾時，遇見太生媳婦在門前打掃清潔，順便問道：「嫂子，你家昨晚來的五個客人是哪裡來的？」太生媳婦丈二金剛摸不著頭腦，想了一下說：「昨天一夜我都在豬圈為母豬接生，哪有客人來？家中母豬生下兩隻小公豬、三隻小母豬；兩隻帶黑眼圈的小公豬，真像人戴黑眼鏡一樣。」

這時王氏覺得事情奇怪，明明這五人坐自家的車來的，何況又是自己親自指給他們的門，親眼看見他們進去，哪裡有錯？為了進一步弄清五人來龍去脈，她跑到家裡拉起睡在被窩裡的丈夫，前去查看他們五人晚上交付的錢幣。

打開提包後，兩口子嚇傻了眼，三張五元的人民幣，變成燒給死者的紙錢。夫妻倆吃驚，連忙仔細回憶。乘車的二男三女，其中兩個男子戴黑眼鏡，令人奇怪的是太生家豬崽出生時間、性別、頭數、特徵與五人的進門時間絲毫不差，正好相符！

這件發生在眼前的事實，足以證明，佛教講的六道輪迴，確有見證。我們反思一下，自己一生辦了多少利益眾生的好事，做了多少危害眾生的事。衡量一下自己的下場，若投到畜生、餓鬼、地獄時，再後悔也來不及了！因此，我們為人要時時刻刻種植德本、做有益國家社會的事，為一切眾生服務。

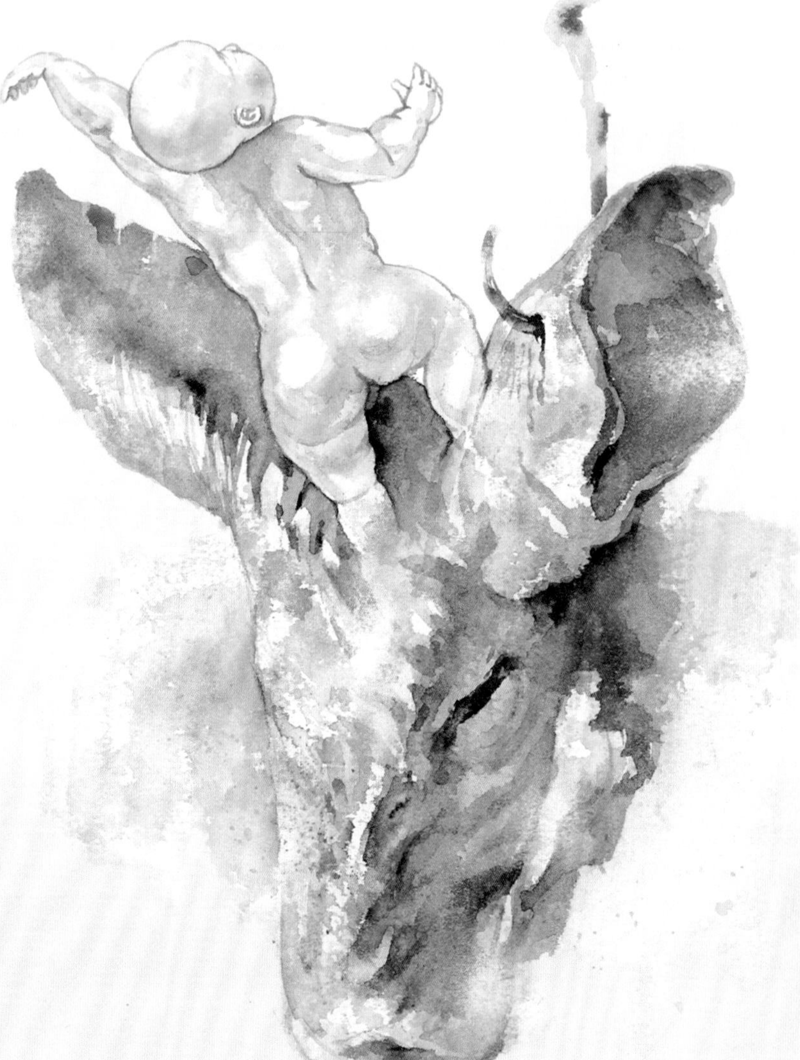

令人奇怪的是太生家豬崽出生時間、性別、頭數、
特徵與五人的進門時間絲毫不差，正好相符！

人面瘡的故事

佛教講「身、口、意三業」，有時候不經意的一個惡念，也會導致意想不到的因緣果報，下面的這個故事就是一個證明。

中國古時候，在杭州有一座靈隱寺，寺內有位高僧，法號叫覺禪，自皈依三寶剃度為僧之後，一向是嚴守戒律、道德清高。也正因為如此，寺裡上下對他都很尊重。

有一回，靈隱寺為了修建禪堂，覺禪法師便前往各地向施主化緣。路途中，他偶然進入一位施主的家，剛好廚房正在烹煮雞鴨魚肉，陣陣香味撲鼻。覺禪法師聞到香味，心裡無意之間竟生起貪吃饞嘴的念頭。

然而，就這麼一念生起過後，覺禪法師回到寺裡，忽然間染

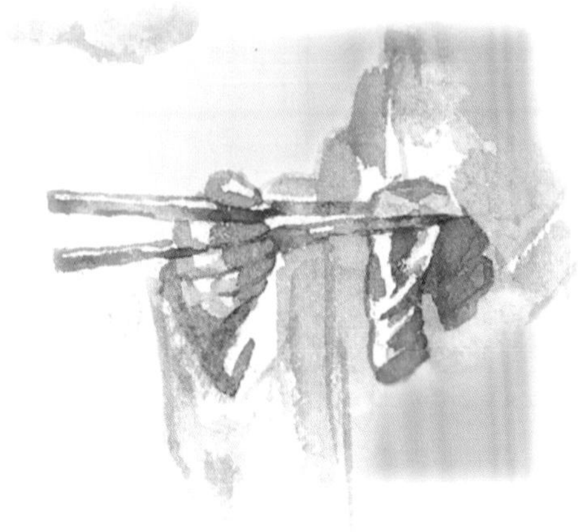

起病來。先是全身腫痛不堪，過了好幾天，不僅是腫痛沒有消退，臉上更長出一顆毒瘡，痛苦異常。更奇特的是，這顆毒瘡的形狀就有如人的面孔，還可以依稀辨出耳朵、眼睛、嘴巴、鼻子等五官。

長了毒瘡，覺禪法師只覺得非常痛苦。如果不把毒瘡遮蓋起來，任人在旁指指點點觀看，則痛苦稍減；如果是掩飾起來，則痛入心肺。冥冥之中，好像是這顆毒瘡要藉此警戒後人，不可輕易違犯戒律。

覺禪法師自己反省過後，認為這一定是前世的冤孽相纏，所以才長出人面瘡。於是他在佛前虔誠誦經禮懺，希望能夠化解前世的惡緣，但久久仍沒有見效。

有一天，又是痛劇難忍之時，覺禪法師只得躺在床上養靜，忽然間聽到毒瘡開口說話：「覺禪，我前世被你所害，所以今世來報仇。你在前世是富貴之人，家裡有一妻一妾。你的小妾私行不正，和我的弟弟私通。很不幸的，我的弟弟和我長得很相像。你聽說了他們的姦情，怒氣衝天，不分青紅皂白，連夜帶了一夥惡漢，持刀闖入我家，將我殺死。

「更悲慘的是，當你知道誤殺好人之後，還不肯罷手，另外尋人刺殺我的弟弟。我的弟弟犯錯，死有餘辜，我這個局外人卻被你冤枉殺死，便前往地府申訴告狀，幸好冥王准許我回來報仇。

我跟在你的身旁好幾年了，因為你持守出家戒律，有護法神保護著你，我一直沒有機會下手。然而，那天你見了肉食，竟然

心起邪念，護法神棄你而去，我乘這個機會立即來索命報仇。不過，我看在你修行還算虔誠，就饒你再活十年，然後要把你捉到閻王殿上對案！」

覺禪法師聽後，又羞又悔，不禁痛哭流淚。

一天，從天台山來了一位得道的和尚，到靈隱寺遊玩，看見覺禪法師病苦的模樣，頓時生起了慈悲之心，便想方設法為他解冤治療。

和尚討了筆墨，在人面瘡上面書寫了「解冤」兩個字，然後對人面瘡說道：「冤可解，不可結。覺禪前生誤殺你，並非出自他的本心，只是一時的過失。我今日在此點醒你：覺禪將來若能證悟解脫，度你前往西方極樂世界，遠遠勝過你世世輪迴，再結下不解的孽冤。」

冤魂聽了這話就醒悟了，從此毒瘡就一天一天地消退，到最後完全康復。覺禪法師為了感謝和尚的恩德，從此更加精進修持，念佛安禪，不敢再有一些懈怠。最終，他證悟佛果，並救度冤魂往生佛國，這段冤孽也就此消除了！

覺禪法師前世誤殺人命，導致冤魂相纏，數年來俟在身旁伺機報復。只因為法師為僧有道，正氣上騰，使得陰魂不得靠近。然而，當他偶然間萌生了俗世的念頭，邪心一動，陰氣就乘虛而入，使得他染病生瘡。因此，我們可以這樣說：一個人的禍福命運，都是自己的心感召而來的。

當今末法時期，道德衰微，禍患頻頻發生。世間之人，應該要修心正志，所謂「行仁義，存慈悲」，來消除災劫。而出家僧眾，更應引以為鑒，尤其是要嚴守清規、謹敦戒律，對於五欲，要能做到不萌邪念，這樣一來，鬼神都敬而護之。進一步，要常常持有度人度己之心，則不辜負佛陀救度眾生的一片苦口婆心了！

再說一則也是人面瘡的故事：

唐朝的悟達國師，在未受封國師之前，是個名叫知玄的僧人。他在少年時代參訪叢林，在長安京都某寺掛單，遇到了一位僧人。這位僧人生了一種叫「迦摩羅」的惡疾，通身生瘡，發出沖鼻難聞的穢氣，誰都厭惡和他來往，但知玄住在他隔壁，憐憫他的病苦，常常主動去照顧他，一點討厭躲避的臉色都沒有。

後來病僧的病好了，感激知玄的德風道義，就對他說：「我要走了，你以後有難臨身，不妨到四川彭州九隴山來找我，我會設法解救你的災難。記住，在有兩棵大松樹並立的標誌，那就是我居住地方。」

後來，知玄因為德行高深，唐懿宗十分崇敬，就封他為悟達國師。受封以後，住持安國寺，德名益彰，懿宗皇帝並親自請教佛法，更御賜沉香裝飾寶座，座高二丈許。

然而，就從這時開始，他卻不幸在膝蓋上生出一顆人面瘡來，有眉有眼，有口有齒，與人面一樣，每天需要飲食喂他，瘡像人一樣開口啖食。悟達國師痛苦萬分，召請了各地名醫，都拱手遜稱無藥可醫。

就在群醫束手、瘡疾日烈時，國師突然記起當年那位病僧臨別時所說的話。於是，他前往西蜀入山去尋找。一日傍晚時分，山路難行，正不知如何是好時，忽然看見兩棵並立的松樹。他心中大喜，快步走向前去，只見廣闊的殿

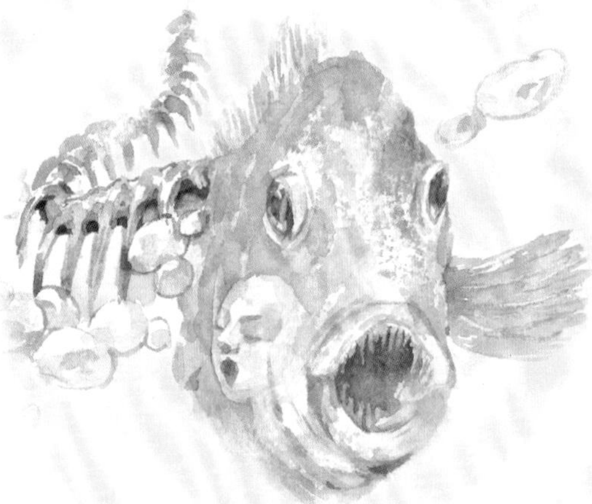

堂，金碧輝煌，那位僧人已站在門前。兩人相見萬分欣喜，國師便把所患怪疾的痛苦相告。僧人對他說：「不要緊的，我這兒山岩下有清泉，等到明日去洗一下就會好的。」

翌日清晨，僧人命一孩童帶路，引領國師到岩下清泉之畔。國師剛用手捧起水準備洗膝上人面瘡時，不料那顆人面瘡竟出聲大呼：「不要洗！不要洗！」國師驚問：「為什麼？」

一個人的禍福命運，都是自己的心感召而來的。世間之人，應該要修心正志，所謂「行仁義，存慈悲」，來消除災劫。

人面瘡問：「你曾否讀過西漢史書，袁盎與晁錯傳呢？」國師回答：「曾讀過。」人面瘡譏諷地說：「你既然讀過了，何以不知袁盎殺晁錯的事？」

國師雖有讀過這段史實，但仍然不解。人面瘡進一步說：「往昔的袁盎就是你，而晁錯是我。當初漢朝吳楚七國造反時，你在漢景帝面前讒我，致使我被腰斬於東市。這冤深恨重，累世以來，我總想尋求機會報復。

可是你十世以來，都是高僧，持戒十分精嚴，冥冥中有戒神在旁保護，使我無法近身。

「如今，由於你受皇上的恩寵，待遇豐厚，已到了奢侈揮霍地步，動了希名欲利的心念，無形中陰德已損。因這緣故，我才能接近報復你。現在，蒙迦諾迦尊者出面調解，賜我三昧法水，令我解脫，那麼我們之間的夙冤，也告終結。從今以後，我不再和你為難作對。」

國師聽了，非常震恐，連忙掬水來洗，一時痛入骨髓，暈厥在地不省人事。甦醒後，覺得左腿已安然無恙，人面瘡已不知去向。由此，國師遂明白聖賢渾跡世間，不是凡情所可以測度的。國師欲回寺禮謝那位僧人，但金碧輝煌的崇樓寶殿，已杳無蹤影。於是他築一茅庵，自此不再下山。

悟達國師因蒙迦諾迦尊者垂慈，為他解了多生宿冤，為報答此特殊廣大恩德，如經云：「若不說法度眾生，畢竟無有報恩者」，同時為後人開啟懺悔之門，所以編著了《慈悲三昧水懺》，就是取自尊者以三昧水洗人面瘡，化解宿世冤業的事蹟。

自覺醒悟慈悲地
覺他勇猛精進地
不妄求則自心安
不妄作則自身安

——心定和尚

一名修行者的輪迴

近來，我讀到一篇來自中國四川，名為空寂的三寶弟子的回憶錄，所言的事蹟足以成為佛教徒的借鑑，特此摘錄如下：

各位同修，這篇紀實，是我在本師釋迦牟尼佛，及十方三世一切諸佛面前懺悔，以誠懇心逐字逐句成稿的。在此寫出來僅供同修參考，以我的過往為借鑑，從中吸取教訓，趕快提取自己學佛修行的正念；發大願心，勇猛精進，永不退轉，脫離六道輪迴之苦。

我姓李，一九八九年三月皈依佛門，禮海空法師學習，取皈依法名寂空。入佛門後，天天禮佛，參禪打坐，雖然對佛法瞭解不多，但常常看佛學書籍；對學佛、成佛堅信不疑，心地虔誠。

一九九二年八月廿五日晚，禮佛後靜坐，在佛菩薩的加持下，約晚上十點鐘左右知道自己的宿命。當時傷心地大哭了一場，下決心好好學佛。

一九九四年八月廿三日晚，在佛堂靜坐又進一步知道我愛人、孩子的宿命。自己宿世的輪迴再次得到佛菩薩的證實，直至今天，才寫出來。

六百年前，我是一位出家比丘。我二十歲出家，曾受三壇大戒，修行五十餘年。在學佛修行的過程中，我做了不少好事、善事，但由於貪戀紅塵，妄想人天福報，最終不但沒有脫離六道輪迴，反而墮入三惡道中受苦。

我由比丘身死後，投生一有錢的財主家庭。長大成為一名公子哥

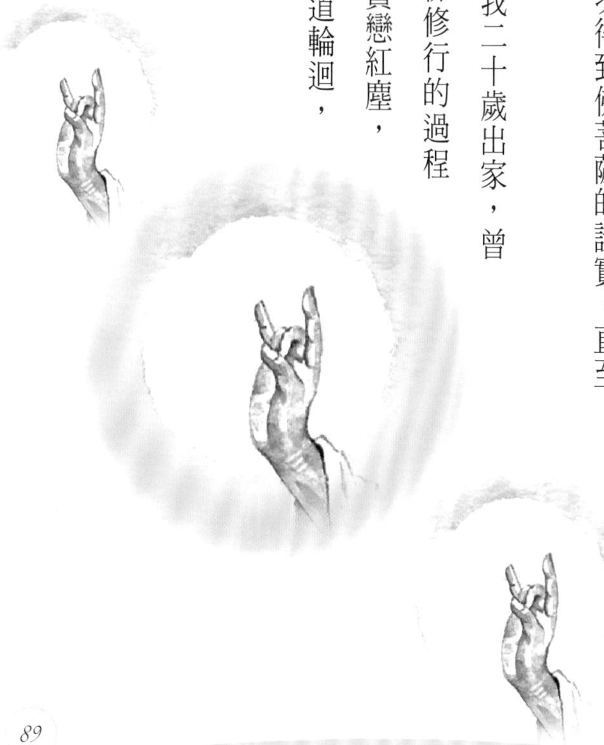

兒，成天享受著花天酒地的生活。身邊有侍女八名，雖不好色，但貪名、貪財、貪利十分嚴重，造下了不少惡因。

這一世死後，又投生一個當官的家庭。長成人後，我當上了領兵將軍，威風凜凜，要什麼有什麼，享不完的榮華富貴，吃不完的山珍海味，整天過著花天酒地的生活。由於吃、喝、玩、樂，再次造下種種惡因。特別是領兵殺了不少的人，將人頭砍下，拋屍於江河。就連對方士兵藏於草叢中，都要找到拉出來殺掉，給後世結下怨緣。

我由將軍死後，投生三惡道變蛤蟆三次。由於將人頭砍了，所以變蛤蟆無頸。殺人拋屍於江河，我變蛤蟆時遭捧打、鉤釣、翻腹死於水面，腐爛發臭，甚至遭受抽筋剝皮之苦來償還前世之報。

三次蛤蟆報完結之後，又投生變山雞四次，來償還我為將軍

古德常講：此身不為今生度，待到何時度此身。
今生必須抓緊時間習修，要不然，待死神一到，
不知所然。

時，指揮士兵將藏於草叢中人殺掉之債。我當財主和將軍時，貪於口福，整天吃香的、喝辣的，所以變山雞遭槍打、刀砍，烹、煮、炒、煲之苦來償還宿債。

當四次山雞償報死後，又投生豬胎，變豬三次。這就是我當財主和將軍時，好吃懶做，飯來張口，衣來伸手，老想吃肉造下的惡因，只好變豬來償還。變豬吃剩食、酸食、鞭抽棒打不算，還要遭千刀萬剮，受種種苦來償還兩次人生貪口福欠下的惡報。

各位同修，當時我知道我輪迴過程受種種苦時，我非常傷心地哭了。我是一個極難流淚的人，當時我想，我出家時已修到這種程度了，為什麼還要貪人天福報呢？由一個貪字，臨命終時一念之差竟淪入三惡道十次，又怎麼不叫人傷心後悔呢？六百年！多麼寶貴的時間，就這樣懵懵懂懂地過去，又怎麼不流淚呢！

我由一個不信任何鬼神的人，學佛後成為一個相信因果的人，而且又真實見到自己果報輪迴的時候，又怎麼不感激本師釋迦牟尼佛、十方三世一切諸佛菩薩的加持呢？當一個佛子跪在自己佛陀面前時，他明白了自己的宿命，在學佛的道路上又前進一步的時候，又怎麼不激動呢？

當時我想該以什麼來報答佛菩薩的大恩大德，只有好好學佛。想到人身難得，佛法難聞；好不易又得人身，再不好好習修就對不起佛菩薩，對不起父母眾生。

古德常講：此身不為今生度，待到何時度此身。今生必須抓緊時間習修，要不然，待死神一到，不知所然。當一個人快死的時候，三口粗氣一出，想想我們心裡是否只有一個正念——到西方極樂世界去，好好修行直至成佛！

我誓言：今後要時時牢記戒律，以持戒斬掉五蘊六塵，消滅三毒。時時常思四聖諦，修慈悲心，視一切眾生為我累生累劫之父母，牢牢記住三寶的恩德，念念不忘無上菩提，勇猛精進，永不退轉直至成佛，解救六道有情眾生。

一世比丘，得兩世人生福報，不知積善積德，反而造下種種惡因，輪迴到三惡道十次。以極苦的果報，還清債後再投生人世，這就是因果不差毫釐。

有人會問，為什麼我沒有輪迴到餓鬼、地獄道受苦？這是因為我前生學佛種下的一點善業，所以只在畜生道輪迴；惡緣盡時，佛種又再萌芽，使得我今生又能學佛。

一名學佛人種下佛種後，這顆種子永遠不變質；只要遇到適宜的水土、溫度的時候，它就會發芽、開花、結果的，希望大家不要忘失自己的佛種！

當一個佛子跪在自己佛陀面前時，他明白了自己的宿命，
在學佛的道路上又前進一步的時候，又怎麼不激動呢？

以慈悲為裝扮

我們對人不要有傲慢或輕視的態度，對於出家人也不可生起輕慢的心，因為這樣對佛教沒有好處，對自己卻有損品德，甚至影響自己來生的果報。今舉印度古時候波斯匿王的女兒為例，作為警惕。

有一次，佛陀在舍衛國祇樹給孤獨園裡安住。當時波斯匿王與末利夫人生下一個女兒，面貌極為醜陋，到底有多醜，據經典的形容：皮膚粗糙，猶如蛇皮；頭髮粗黃，猶如馬尾。波斯匿王看到這個女兒，心裡不高興，便指示內宮宮女，好好的看住她，不准讓她走出去外面，怕被別人看見。波斯匿王自己心裡想：「這個女兒雖然醜形不像個人，但總是末利夫人所生的啊！」於是仍把她細心撫養長大，再看因緣將她嫁出去。
為了女兒的婚事，國王常常憂愁，但又奈何呢？等到公主長大了，便指示大臣征尋原本是豪族種姓、而現在貧乏窮困的男子，要招為駙馬。大臣奉旨到處尋找，終於找到了這樣的一個年輕人，便將他帶來詣見國王。國王看見此人，立即帶到自己的客廳，單獨與他談話，國王說：「我知道你原本是貴族，但現在貧窮。我有一個女兒，末利夫人所生，面貌極為醜陋，想下嫁給你，希望你不會拒絕。」當時這位貧窮的年輕人，跪下來回報國王：「縱然大王以狗賞賜，我也應當接受，何況是末利夫人所生之女？承蒙大王不棄，我願奉命接納。」
國王就將公主嫁給了這位年輕人為妻，並且為他們建造房子，內設七道都上了鎖的門戶。另外又吩咐女婿，若要出門，就必須上鎖，避免公主外出被別人看見。國王又賜給他們很多錢財，讓他們生活無所欠缺，並封給女婿一個官位。往後的日子，生活得非常的富裕。

這位駙馬經常與王宮貴族參加宴會或聚會。凡是前來赴會的達官顯貴，都是夫婦一起參與，獨駙馬爺從不將自己的妻子帶來。眾人一直在懷疑，也感到奇怪，都猜想公主本人不是端莊美麗豔如天女，便是極醜無比如鬼怪，這才不敢帶出來。於是大家想方設計要去看看公主到底長個什麼樣子。經過一番商量，決定將駙馬灌醉，再從他身上拿到鎖匙，指派五人前往駙馬的家，一窺公主的廬山真面目。

就在那批人商量的同時，國王的女兒心中也在煩惱著，深感慚愧，哀歎自己到底造了哪些罪業，使丈夫如此厭惡自己，老是被關在屋內，不見天日，也見不得人。但隨即又想，當今佛陀在世，常以慈悲觀諸眾生，如有苦厄的人，就前往度化。當下公主

唯願聖者慈哀，當見寬恕。我之前發了惡心，罪業深厚，
希望聖者不要記掛在心。今准我懺悔，願令罪業消滅。

就以虔誠恭敬的心，心中祈禱，遙禮世尊，望佛陀能前來慈悲教訓。

由於公主精誠懇切，敬心純篤，竟然感動到佛陀。佛知其意，即刻來到她家，出現在公主之前。佛陀先從地中踴出，頭上紺發相現，公主舉頭看見佛的發相，倍加歡喜，敬心極深，頭髮就自然的變成細軟的紺青色相。佛陀漸漸現出慈容，公主看見，心懷歡喜，整個臉也跟著端莊豔麗

起來，所有醜陋的相，粗糙的皮膚，自然化滅。佛陀漸漸現出全身，金色晃昱，讓公主看見。公主看見佛身相好，益增歡喜，身體也變得無比端嚴，猶如天女。佛陀便為她說種種法門，使她心開意解，證得須陀洹果，踴躍之情難以形容。而後佛陀就騰空而去了。

就在這個時候，拿著鎖匙的五個人，開門進去裡面，見到公主相貌端莊，舉世無匹。當時這五人議論紛紛，讚歎著天下竟然有如此美麗的女子，難怪駙馬不肯將妻子帶出來。看過以後，就把鎖匙還給駙馬，各自回去。

駙馬醉醒回家，一進門內，看見一位美豔過人的婦女，歡喜地問道：「妳是什麼人？」公主回答說：「我是你的妻子啊！」丈夫又問說：「妳以前極為醜陋，現在為何變得如此端莊？」公主就將佛陀慈悲現示的經過告訴丈夫，又說：「我很想去見父王，你可否為我傳話給父王？」

駙馬就依公主的話，立刻前往王宮，稟告國王，說：「公主想求見大王，不知可否？」國王說：「不要談這件事了，趕快將每道門戶關閉，千萬不要讓她出來！」

女婿回稟國王說：「為什麼要這樣呢？公主蒙佛陀威德加持，現下相貌莊嚴，舉世無雙，跟天女一樣啊！」國王聽了以後，也感到驚訝，就說：「若真是如此，盡速請來會面。」立即隆重地派車輛迎接公主進入宮中。等國王親自見到公主時，其美麗真是世無等雙。國王在極為歡喜踴躍之時，立刻下令駕車，和末利夫人前往佛陀住所。

頂禮佛足以後，退下一步，長跪合掌而恭敬地稟報說：「世尊！不知道我這個女兒，過去生中修得什麼福報，乃能生在豪貴富樂之家；而到底又造作何業，生得如此醜陋的身形面貌，像牛馬畜生般，願世尊慈悲開示！」

當時世尊告訴國王及末利夫人：「你們仔細聽，我慢慢為你們解說。」原來，在很久以前，有一個名為波羅奈的大國，國中有一位長者，財寶無量，不可稱計。當時這位大富長者，在他家裡，經常供養一位辟支佛（比阿羅漢更高一層的聖者），身體粗惡，形狀醜陋而憔悴，非常難看。大富長者家中有一位小女兒，每次看見辟支佛來，心中就很厭惡，態度輕慢、呵罵譭謗，罵他「面貌醜陋，身皮麤惡，直是令人討厭！」

當辟支佛知道自己不久即將進入涅槃，於是就在長者家中現大神變，踴身虛空，身出水火的現各種神通，讓長者一家人看得清清楚楚，然後又飛下來，回到長者家中。當下長者歡喜不已，長者女則慚愧無比，悔過自責，跪著向聖者求哀懺悔：「唯願聖者慈哀，當見寬恕。我之前發了惡心，罪業深厚，希望聖者不要記掛在心。今准我懺悔，願令罪業消滅。」

佛陀告訴大王：「知道了嗎？當時長者女由於詆毀辟支佛的原因，於後生處，常常受生為醜陋的身形。後來因見到神通而向其求哀懺悔，所以今生得端正之身。其相好超世奇特，無有能及，常生於富貴之家，尊榮豪貴，無所缺少，又能遇到我為她解除憂苦，都是由於供養辟支佛的緣故。」當時波斯匿王與夫人，及諸臣民等，聽聞佛陀說如是業報因緣，個個心開意解，有的證得須陀洹果，有的證得斯陀含或阿那含，也有的證得阿羅漢，各自發辟支佛心或無上菩提心，聞佛所說，歡喜奉行。

這則故事的重點，是要提醒大家，不可以有輕慢心，要有恭敬供養心。爾一旦有過錯，就要有慚愧悔過之心。

我們對人不要有傲慢或輕視的態度，對於出家人也不可生起輕慢的心，
因為這樣對佛教沒有好處，對自己卻有損品德，甚至影響自己來生的果報。

周利槃陀伽的本生故事

一個人如果長得莊嚴，那是前生修的好，今生就要繼續修，不可以因長得莊嚴而看不起別人，同樣的，一個人今生聰明，也是前世有修，就必須繼續修，不可以輕視比較笨、比較愚蠢的人，否則果報會使自己的來生很笨！很蠢！

佛陀時代的一位弟子——周利槃陀伽，情形就是這樣，依據經典的記載就將他的今生與前世的事蹟說明如下：

王舍城某豪商，其女兒與家僕發生了私情。那女子怕別人知道，就對男的說道：「我們不能住在這裡了，假使我的父母曉得了這件事，怕會將我千刀萬剮呢。我們到別的國家去安身吧！」於是二人就卷了財物逃出家門，奔走各地，打算「住到無人知曉的地方去」。

他們在某處同居一段時間，妻子懷了孕，行將臨產，與丈夫商量道：「我就要臨產了，遠離了熟人親戚，在此地生產，在我們兩人都是苦事，不如回家去吧！」但丈夫只是說著：「今天去吧！明天去吧！」把日子虛度過去。於是她想：「這笨傢伙因為自己做了可恥的壞事，所以連回去也不敢了。在這世上，父母是無上的恩惠者，不管他回還是不回，我還是回去吧！」她把家裡整頓一番，將回娘家的事告訴了鄰人，便出發了。

她丈夫回到家中，不見了她，問鄰人，才得知妻子已經回娘家，乃急急在後追趕，在途中被他追著了，但妻子就在那裡產下孩子。丈夫問：「男孩還是女孩？」妻子答道：「生了一個男孩。」丈夫問：「那麼將怎樣呢？」妻子說：「我因為要生產，所以想回娘家去，不料在途中就產下來了，現在即使到那裡去也已無意義，還是回頭去吧！」

於是二人同意轉身回去，那孩子是在路上生的，所以命名曰：「槃陀」（道路）。未幾她又懷孕了，情形與前面所述者一樣，也在歸寧的途中產生下來，兩個孩子都是路上生的，第一個名曰「摩訶槃陀」（大路邊），後來生的一個名曰「周利槃陀伽」（小路邊）。

日子一天一天過去，槃陀童子聽到別的孩子們常常談及舅父、外祖父、外祖母，便問自己的母親道：「媽！別的孩子談到舅父、外祖父、外祖母，我們怎麼沒有親戚呢？」

母親道：「這裡雖沒有我們的親戚，王舍城中卻有著豪富的外祖父，在那裡我們親戚很多呢。」

孩子道：「媽！為什麼不到那裡去呢？」

她將自己不能去的理由告訴了兒子，對兒子不知講了幾多遍以後，她向丈夫說道：「這兩個孩子使我非常苦惱，父母見了我們，也決不會吃掉我們的。喂！快帶孩子到外祖父家裡去吧」

丈夫道：「我沒臉孔去見他們，你一個人帶他們去吧。」妻子道：「不論怎樣，只要給孩子們看到外祖父的家就好了。」

二人帶著孩子，終於到了王舍城，在城門口找到房子住下，請人轉告自己的父母說帶了兩個孩子來歸寧了。父母聽了這話說道：「凡流轉輪迴之身，皆有孩子，但他們是我們的大罪人，所以不能住在我們看得見的地方，不如叫他們拿些財產，同赴安樂之地去居住，把兩個孩子留在這裡。」長者的女兒領受了父母所贈與的財產，把孩子交給使者領去。

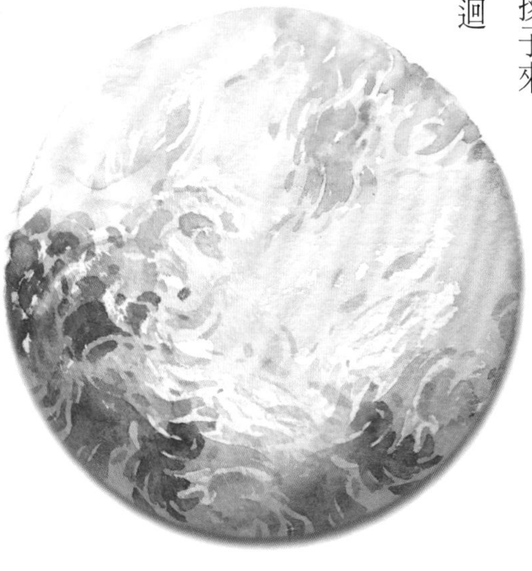

兩個孩子在外祖父家成長，周利槃陀伽還年幼，摩訶槃陀卻常跟外祖父同去聽佛陀說法。日子久了，就興起出家的念頭。他告訴外祖父：「假如外祖父允許的話，我願意出家。」

外祖父道：「這是什麼話，你若出家，這在我們是最感榮耀的事。如能出家就出家吧！」於是就帶他去見佛陀。

佛陀問：「長者，你如何得這孩子？」長者道：「世尊！這孩子是我的外孫，他說要跟隨世尊出家。」

佛陀即命一托鉢僧說道：「給這孩子出家。」長老向他說明出家之道，並為他舉行了出家儀式。他憶持了許多佛法，於成年後受具足戒，受具足戒後，專心修行，遂證阿羅漢果，享受著禪定之樂、道果之樂度日。

後來他想起了弟弟：「此種悅樂應該給與周利槃陀伽！」於是他來到長者外祖父的家，說道：「長者啊！如果你允許的話，我想叫周利槃陀伽出家。」長者道：「可以！」於是周利槃陀伽也出家了，並受十戒。沙彌周利槃陀伽雖出了家，卻甚愚鈍，經過四個月之久，還不能背誦下面一首偈：

「看啊！佛陀遍照一切，如芬芳的紅蓮。在清晨開放，又如中天輝耀的日輪！」

為什麼周利槃陀伽今生會這麼愚蠢呢？

原來他在古時迦葉佛陀降世的時候，曾經出家，非常聰慧。有一次，他看見一名愚鈍的比丘暗記教語，便加以嘲弄。那比丘以受彼嘲弄為恥，遂不暗記複誦教語了。以此惡業所障，今生他雖出了家，仍極愚鈍，所暗記的文句也往往記得上文，而忘了下文。

他以暗記此偈自勵，已經過四個月之久了。摩訶槃陀告訴他說：「周利槃陀伽，你連信奉佛教的資格都沒有！你不是過了四月之久，竟不能憶持一偈嗎？像你這樣的人，怎麼能達到出家人所應該修行的最上果位呢？還是出寺去的好！」於是就把他趕走了。

不過，周利槃陀伽卻心慕佛教，不願為在家人。當時，摩訶槃陀為管齋者，有一天名醫耆婆帶了許多香華，來到自己的庵羅果園供養佛陀，並聆聽說法，然後從座上起來禮拜佛陀。耆婆向摩訶槃陀問道：「尊者啊！佛陀左右有多少比丘呢？」摩訶槃陀道：「五百人。」耆婆道：「尊者！明日請您陪同佛陀，與五百比丘到舍下受齋。」摩訶槃陀道：「優婆塞啊！有個叫做周利槃陀伽的笨傢伙，是個不悟正法者，除他以外，其餘的人全體應供。」

周利槃陀伽聽到長老這樣說，想道：「阿哥替這許多比丘們接受了宴請，卻獨獨除了我。他對我一定已無兄弟之情了吧？既

看啊！佛陀遍照一切，如芬
芳的紅蓮。在清晨開放，又
如中天輝耀的日輪！

然這樣，他的教示於我也已毫無意義了，還是去做個在家人，積些布施等善行過日子吧！」

到了第二天早晨，周利槃陀伽對自己說：「還俗吧！」起身而去。天明後，佛陀觀察世間，見到這樁事件，就趕在周利槃陀伽之先，在他必須經過的城門旁游步著。周利槃陀伽從屋中出來，見了佛陀，就趨前禮拜。佛陀對他問道：「周利槃陀伽啊！你此刻到哪裡去呢？」周利槃陀伽道：「世尊！哥哥用強力將我驅逐了，故而在此徘徊。」佛陀道：「周利槃陀伽啊！你是從我這出家的，既被兄長所逐，為何不到我的地方來呢？還俗去怎麼辦？還是在我這裡好。」

於是佛陀就帶了周利槃陀伽回去，叫他坐在香室前面，給他一塊以神通力所現、純淨的布片，吩咐說道：「周利槃陀伽啊！你可老守在這裡，面向著東方，口念『去除塵垢！去除塵垢！』

一邊用手撫摸這塊布片。」另一方面，和耆婆約定的時刻已到，佛陀被比丘眾圍著到耆婆的家裡去，在所設的座上坐下。

周利槃陀伽此時坐在那裡，一面仰視著日輪，一面念著「塵垢除去！塵垢除去！」一邊撫摸那片布。那片布在撫摸中被弄髒了，他想到這片布本極潔淨，因為自己而失掉了原來的自性，如此骯髒，諸行真是無常，便起了滅觀，增長了觀察智。佛陀以神通力得知周利槃陀伽的心，已進至觀察智，說道：「周利槃陀伽啊！切莫以為惟有這布片為塵垢所汙，心中亦有欲之塵垢等，也須得拭去！」接著就大放光明，使周利槃陀伽覺得恰如坐在面前似的，且唱出下面的偈語來：

「貪欲為不淨（染汙），塵垢不得稱不淨，不淨為貪欲之異名，彼比丘眾舍此不淨，住於脫離不淨之教；瞋恚為不淨，塵垢不得稱不淨，不淨為愚癡之異名，彼比丘眾舍此不淨，住於脫離不淨之教。」

此偈終時，周利槃陀伽得四無礙辯與阿羅漢果，就依四無礙辯而通達三藏了。原來他生前為國王時，因右繞城廓額上流汗，用潔淨的布拭額，布頓時骯髒了。他於時得到無常想，念及：「以此肉身故，這樣潔淨的布也失了自性，而遭汙了，諸行真是無常！」由此因緣，這去除塵垢遂成為證道的因緣了。

屆時，耆婆正要為佛陀送上供水，佛陀用手蓋住鉢，說道：「耆婆啊！精舍中不是還有一個比丘留在那裡嗎？」一旁的摩訶槃陀道：「世尊啊！寺院裡一個比丘也沒有了呀！」佛陀道：「耆婆啊！尚有一人在。」耆婆道：「那麼叫人去到精舍看一下，且看究竟還有比丘在那裡沒有吧。」說著就派差人去了。

這時周利槃陀伽心想：「哥哥說精舍中已沒有一個比丘了，我要讓他看看精舍中尚有比丘。」於是，他使整個庵羅林滿住著比丘，有從事於衣服之事的比丘，亦有從事於染色之事的比丘，更有以誦經為事的比丘，這樣地化出了一千個神態各不相同的比丘，那位使者見精舍中有許多比丘在，便回去報告耆婆道：「主人，庵羅林中滿是比丘呢。」

這時周利槃陀伽自己唱出偈語：「槃陀將己身化成千種形相，在快適的庵羅林中坐待時刻到來。」

佛陀聽了便對使者說：「你到精舍去，說：『佛陀召喚周利槃陀伽。』」使者遵命前去通報，不料現場一千名比丘都說道：「我是周利槃陀伽！我是周利槃陀伽！」使者無法，只得回來報導：「世尊啊！他們都叫周利槃陀伽。」佛陀道：「你再去一次，把第一個叫『我是周利槃陀伽』的手抓住，這樣一來，後叫的會消失。」

使者去到那裡依吩咐而行，一千個比丘忽然消失了，周利槃陀伽就與前來迎接的使者同行。用齋結束後，佛陀傳喚耆婆，對他說：「耆婆，請握住周利槃陀伽的缽，他將為你說齋後的祝願與開示。」耆婆依教奉行，周利槃陀伽即如年輕的獅子般，以三藏的甘露法義做一次如獅子吼般的飯後祝願與開示。事後，佛陀從座起身，被比丘眾圍繞著回到精舍，指示比丘眾應為之事，便回到香室休息。

到了傍晚，比丘眾從各處聚集到法堂上，成行列坐著，談起佛陀的威德來。「法友啊！摩訶槃陀不明白周利槃陀伽的性格，說是：『經四個月之久猶不能記誦一偈，他真是笨傢伙！』強把他驅逐了。但正等正覺者因為是無上法王，在一頓飯工夫就圓滿地授以四無礙辯與阿羅漢位，使他藉無礙辯精通了三藏，諸佛的力量不是廣大無邊嗎？」

佛陀知道此時法堂上在開始作此談話，心想：「現在正是自已出去的時候了。」就從床上起身，從香室中出來，坐在精美莊嚴的佛座，發出六色光明，那光明宛如可以通澈海底，與由須彌山頂所現的旭日一般。

佛陀到了以後，比丘們就停止談話沉默下來了，佛陀帶著柔和的慈愛瞧著比丘眾想道：「這集會確乎極好，無一人動手，無一人動足，無一人咳嗽，亦無一人打嚏，大家都對佛陀的莊嚴起了尊敬之念，畏服佛陀的光明。縱使我一生不開口而坐著，也不會有人先開口談話吧！我當然知道什麼該開始說話，讓我先來開口吧。」

接著，佛陀就以甘露似的梵音問比丘眾道：「比丘們啊！你們剛才在此會集，在談什麼？為什麼又中途停止了？」比丘眾答道：「世尊啊！我們坐在這裡沒有談卑俗的話，只在讚歎著世尊的威德：『法友摩訶槃陀不明白周利槃陀伽的性格，說經過了四個月之久猶不能記誦一偈，他真是笨傢伙，強把他驅逐出精舍了。但正等正覺者是無上法王，在一頓飯工夫圓滿地授他以四無礙辯與阿羅漢位，使他藉四無礙辯精通了三藏，諸佛的力量不是廣大無邊嗎？』此外不說別的。」

佛陀聽了比丘眾的話，便說道：「比丘們啊！周利槃陀伽原本是很有智慧的，前生是浮入經藏的，只是曾經恥笑某位比丘愚蠢，使他自己遭受愚蠢的果報。他前世也曾做過國王，看見面巾髒了，悟出世間無常的真理，因而開悟了！」

佛陀為大眾娓娓說出前生這段隱秘的因緣，同時教誡弟子們，不可以輕慢資質比自己差的人，要知道果報也是絲毫不爽的呀！

包容異己
而不剛愎自用，
尊重別人
而不藐視他人。
——心定和尚

了知輪迴

佛教看宇宙人生，一切並非直線的，而是圓形的。就像時辰鐘，由一點走到十二點，又會回到一點，再繼續循環不已，這就叫做「輪迴」。

世間一切的現象都離不開輪迴循環的道理，宇宙物理的運轉是輪迴，善惡六道的受生是輪迴，人生生死的變異也是輪迴。宇宙物理的自然變化，譬如春夏秋冬四季的更遞，過去、現在、未來三世的流轉，晝夜六時的交替，是一種時間的輪迴。東西南北方位的轉換，這裡、那裡、他方、此處的不同，是空間的輪迴。

輪迴是一個非常重要，但是又很難見信的問題。不相信輪迴的現象，並不表示自己的層次高超，反而顯出自己的思慮膚淺。否定輪迴的存在，等於侷限了自己的生命。因為沒有輪迴，就沒有過去，更沒有未來；沒有未來的人生，生命是何其的短暫無奈，前途是多麼的渺茫無寄。

我們對輪迴的真相與價值已經有了正確的認知，應該進一步去探討如何超越輪迴的問題。認知輪迴的真相只是方法、過程與手段，如何超越輪迴才是最終的目的與希望。凡夫所以有輪迴的現象，是由於業力的牽引。業力的善惡輕重不同，果報就有種種的差異。

因此，生命的輪迴取決於人一生造作的善惡種子所形成的「心靈DNA」，所以，我們應該存好心、說好話、做好事，如此必能改變我們今生及來生的命運。

積福修慧

成就無量快樂與智慧的未來

在修學佛法的路上，
修身、修口、修心當中，尤其口最容易造業，
說好話有增福德，說壞話有損自己的福德，因此，
我們必定要修口德，人我之間要互相讚美，遇到好人好事要會隨喜功德。

一句話的力量

中國人有一句話說：「一言以喪邦，一言以興邦。」這說明了語言力量之大，甚至足以影響國家興亡。不過，很多人都認為「只是說說而已，沒有什麼大不了」，因而不慎犯下了許多口業，那是非常可惜的。

我在這裡要告訴大家一個因為一句話就改變一生的故事，說明「說好話」的重要。尤其是佳節慶典到了，大家和親朋戚友、街坊鄰里聚會、拜訪，更要口中多說好話，為家庭、鄰里營造和諧的氣氛。

過去有位大老闆，經營的事業非常有成就，大家都非常尊敬他。

但是諸行無常，社會景氣不好，發生了金融風暴，讓人措手不及。他的事業連帶受到影響，一下子就垮了下來。人是很現實的，在他風光的時候，家裡常常是門庭若市，當他失敗時卻是門可羅雀。

大老闆覺得很傷心，不知道日子該如何過下去，覺得繼續苟且偷生太沒意思了，於是生起了輕生的念頭。一天，他在不知不覺中，走到了河畔，想要投河自盡。望著滔滔的江水，他只覺得

前塵往事，什麼金錢名利、恩愛親情，就如同一場夢一樣。

正當他在河邊嗟歎不已，突然看見一位小姐也在那裡徘徊著，表情非常傷心。

大老闆心想：「這位小姐大概也和我一樣想要自殺吧！」於是他就走向前問她：「小姐，我看你在這徘徊很久了，你有何傷心事？」那小姐遲疑了一會，十分悲痛地回答：「我不想活下去了！」

大老闆疑惑地說：「你這麼年輕漂亮，為何要自殺呢？」小姐傷心地說：「我的男朋友有了新歡，把我拋棄了，我受不了這樣的痛苦，因此想要一死了之。」

大老闆聽了，覺得這位小姐太傻了，為了一個不愛自己的男人去白白送命。於是他動了惻隱之心，想要救救這個年輕的女孩，便問她：「你以前沒有男朋友的時候，你過得快樂嗎？」

小姐想了一想回答說：「我以前沒男朋友的時候，也活得很快樂啊！」大老闆說：「那不是很好嗎？你的男朋友去找別的女人了，你現在恢復單身不是更快樂嗎？」小姐忽然被大老闆點醒了：「這說得也有道理，我現在不想自殺了，謝謝您的開導。」

小姐走了以後，大老闆就反問自己：「我可以這樣勸她，為什麼自己卻不會這麼做呢？我過去還未發達的時候，日子也過得很寫意，只是賺了大錢之後，大家把我捧得像天那麼高，於是覺得自己好有面子、好不風光。原來平靜的生活不是很好嗎？算了算了，還是不要自殺比較好。」於是就收拾好心情回家去了。

這就是一句話救了兩條人命的故事。一句話可以改變人的一生，也可以改變自己的後半輩子。所以，我們在說話時就要謹慎萬分，多說一些鼓勵別人的話、建設性的話，不要專說給人難堪及傷害的話。

相反的，在民間也曾經發生過一句話要了兩條人命的故事，這裡說給大家做為警惕。

在廣東一帶，有一位窮人家徒四壁，夫妻兩人和小孩時常哭哭啼啼，家裡沒有食物可以充饑，可以典當的東西也當光了。妻子就和丈夫說：「家裡還有一個小缸，不如拿到市場去賣，看能賣個多少錢？」

在沒有辦法之下，丈夫只好聽取妻子的建議，背著小缸到市集去賣。他停在一間藥鋪的走廊兜售，過了老半天都沒人來問津。到了黃昏時候，終於有個人來問，討價還價了一陣子。正當雙方交易成功，要銀貨兩訖時，藥鋪的老闆忽然走出來，指著說：「咦！這水缸不是有裂痕嗎？」窮人急著說：「這裂痕本來就有，不會漏水的。」可惜，任憑窮人再怎麼說，買家一看，就反悔說不要買了。

天已黑，缸也賣不出，窮人只好把它扛回家。在回家的路上，他邊走邊想，實在不敢兩手空空地回去。因為沒有專心走路，不小心踢到地上的石頭，水缸從他的身上掉了下來摔破了。面對這種雪上加霜的困境，他既不敢回家，又沒勇氣自殺，只能呆坐在地上欲哭無淚。

這時，他在路上遇到了六個彪形大漢，其中一個問他：「你在這裡踱來踱去這麼久，做什麼還不回家？」

窮人回答道：「我不敢回家，小孩哭著說肚子餓，我又沒有米帶回去。」那六個大漢說：「沒關係，跟著我們走。」

一夥人把他帶到一所大房子前，囑咐他在外頭等候，六人就越牆而入。過了一陣子，窮人就看見一包一包的東西從大房子內被拋出來。稍後，那六人又越牆出來，把其中一包袋子丟給窮人，之後就揚長而去。

然而，這大戶人家在當地非常有地位，被盜劫後即刻到衙門報官，於是派人挨家挨戶地搜尋，查到了窮人的家，發現大漢臨走時丟給窮人的袋子，不偏不倚正裝了被盜的金子。

在辯說不得的情況之下，窮人被官府押去查辦了。窮人慌張地說：「大人，冤枉啊！這金子不是我偷的，我只是一介普通老百姓，又怎麼會有膽量去偷東西呢？」審案的縣官一拍驚堂木，斥道：「這東西明明在你手上，還敢耍賴！」

窮人一直不承認金子是自己偷的，於是被縣官下令用刑拷打，窮人受不了酷刑，就被迫認罪了。可是，縣官還要窮人供出

一言以喪邦，一言以興邦。這說明了語言力量之大，甚至足以影響國家興亡。所以我們在說話時，切記要經過思考才說出來。

首領是誰？窮人奄奄一息地說：「我不知道首領是誰，我是在半夜被他們帶走的，他們停留在大房子前，出來後就丟了一包東西給我，我並不知道袋子裡裝的是金子。」縣官認為他還在說謊，於是命人繼續的打。

窮人心想：「我為什麼今天會這麼倒楣呢？都是藥鋪的老闆說了一句『水缸有裂痕』，就害得我這麼淒慘。這麼說來，那藥鋪的老闆就是『首領』了。」於是，就供說藥鋪的老闆是首領，縣官一聽就把藥鋪的老闆押來審問。

老闆莫名其妙地說：「我又不缺錢用，怎麼會去偷東西呢？」縣官毫不置信地說：「還要賴，這人已把你給招出來了，說是你和他一起合作盜劫的，而你就是他們的首領！」

藥房老闆死不承認，下場也和窮人一樣被嚴刑逼供，打到承受不住只好承認罪名。窮人和老闆同時被關進牢獄，定於秋後問斬。老闆質問窮人說：「我和你無怨無仇，你為什麼要這樣害我呢？」

窮人無奈地說：「我沒辦法啊！我被關進牢獄，落得如斯的下場，正是因為你一句『水缸有裂痕』害的。我又不認識那些大漢，唯一記得的就是你。因此，我不得不把你說出來，要不然我就會活活被打死。」老闆抱頭痛哭，意想不到一句話竟會要了兩條人命。

我們在說話時，切記要經過思考才說出來。在修學佛法的路上，修身、修口、修心當中，尤其口最容易造業，說好話有增福德，說壞話有損自己的福德，這就叫做缺德。

因此，我們必定要修口德，人我之間要互相讚美，遇到好人好事要會隨喜功德。

延壽妙方

行善積德，有可能延長壽命，我要舉兩個例子來證明確有其事。

一、許願延壽

日月光集團董事長張虔生的外祖母，大約在一九八五年左右，八十六歲的時候，有一天經醫生診斷告訴其女張姚宏影女士（董事長的母親）說：「老太太活不過三天了。」張姚宏影女士認為媽媽還有不少錢沒有處理，不可以死，就問身邊很要好的朋友薛阿姨說：「您有什麼辦法，可以讓我媽媽多活一些日子？」薛阿姨說：「到寺院去許個願，試看看。」當下兩人就一起到臺北市松江路佛光山台北別院（普門寺的前身）許願。

那時大約是晚上十點左右，佛堂裡的燈都還亮著。兩人看到星雲大師跟幾位出家人在談話，心裡覺得很奇怪：這麼晚了，法師們還沒睡覺？原來大師剛從美國洛杉磯回來，為了興建西來寺的事，在和幾位徒弟說明籌款的辦法。

張姚女士上前說：「師父啊！我想來為我媽媽捐一點錢，替她消災延壽。」大師說：「要捐錢很好，但我要美金。」張姚女士心裡想：「這麼奇怪，這個和尚怎麼要美金？」心中奇怪，嘴上卻問：「要多少？」大師說：「你自己承諾就好。」張姚女士說：「三十萬好嗎？」大師說：「好啊！」

身邊的薛阿姨拉了一下張姚女士的裙子，靠近她的身邊輕輕而又帶緊張地說：

「三十萬耶！三十萬耶！」那時候大約是一塊美金兌換四十二塊台幣，所以三十萬美金相當於一千兩百萬台幣左右，這一大筆捐款，確實把薛阿姨嚇得急起來。不料張姚女士面不改色說：「對啦！」薛阿姨又重複的拉了她的裙子，又同樣的問了一次，張姚女士仍然說：「對啦！」兩人到佛前燒了香以後，就回去了。

真的很靈，老太太竟然沒死，而且又活了八年。九十四歲的時候，老太太眼睛老花到看不見了，自己也覺得活得很夠了，就跟女兒說：「喂！我要死了！」張姚女士說：「媽媽，也不是您說要死，就會死啊！」老太太說：「幾年前，醫生說我要死了，您就去拜佛祖，叫我不要死；現在我想死了，您也可以去拜佛祖，叫我早一點死啊！」女兒就說：「好啦！好啦！我去試看看啦！」

張姚女士再去找薛阿姨，然後一起去普門寺，那時候是慈容

您的生命是永恒的，這個娑婆世界，苦難很多，
您現在要移民到極樂世界去。您平時做很多好
事，修很多功德，阿彌陀佛會親自來歡迎您唷！

法師擔任住持。她們來到普門寺拜訪住持，說明來意，請教慈容法師：母親活夠了想走，要拜什麼懺？慈容法師說：「拜一壇梁皇寶懺看看。」決定日期後，兩人走了。一壇梁皇寶懺拜下來大約需要五天，從開經禮懺到拜到了第三天的半夜，老太太突然叫嚷著：「佛祖來了！佛祖來了！唷！黃金鋪滿地！好漂亮啊！」在床邊照顧的女傭說：「阿太啊！不要叫啦，我們好害怕唷！」老太太又著說：「好漂亮喲！好大的車子啊！我要坐車啊！」女傭說：「阿太啊！司機都下班了啦！」老太太說：「不是那個車子啦！好大的車子啊！」叫嚷了一陣以後，就往生了。

張姚女士在佛前許了願，真的讓自己的媽媽又多活了八年，張姚女士今年（二〇〇五）自己也邁入八十四歲的高齡了，有時候還會到佛光山各個道場去誦經拜佛。

二、修福延壽

大約六年前，在台灣高雄縣的仁武鄉，周阿美師姐的婆婆，在高雄長庚醫院動手術。醫生為她開刀後，發現細菌擴散，已無法治療，便將開刀部位縫合，勸其子女媳婦回去準備後事。子女們含著眼淚回去打掃廳堂，她的媳婦卻急忙打電話給我：「心定法師！長庚醫院的醫生宣布，我婆婆沒救了，您能不能抽空來看她一下？」一個人到臨命終時，其親人有所請求，再沒空，再晚也都要去一下，我對她說：「馬上就去！」

到了病房以後，按照我平時的習慣，對於處在彌留狀態的信徒或病患，總是為他們開示：「您的生命是永恒的，這個婆婆世界，苦難很多，您現在要移民到極樂世界去。您平時做很多好事，修很多功德，阿彌陀佛會親自來歡迎您唷！如果看到阿彌陀佛來時，您就要歡歡喜喜的跟著他去。世間是無常的，是苦的，不要貪戀世間了。我現在為您念三皈依唷！」為這位老菩薩念了三皈依以後，我就離開了。

第二天，周阿美師姐又打電話給我，她說：「師父，我婆婆沒有死，好起來了！」我問她是什麼情況？她說：「今天早上醫生大概是來看看我的婆婆斷氣了沒，結果她眼睛是睜大大的，為她量體溫、血壓、血糖、脈搏跳動，都很正常。」醫生就問她：「你怎麼醒過來的？」她說：「昨天晚上，我夢見佛光山的師父來為我開刀，都治好了！」醫生覺得不可思議，只好說是奇跡。

辦完出院手續，回到家裡，又活了五年。到了八十歲那年，將近年底的時候，她的婆婆住在大兒子家。有一天早上吃過早飯後，就去散步運動，一直到上午十一點左右才回家，對兒子說：「我要先上去睡午覺，睡起來才吃飯。」

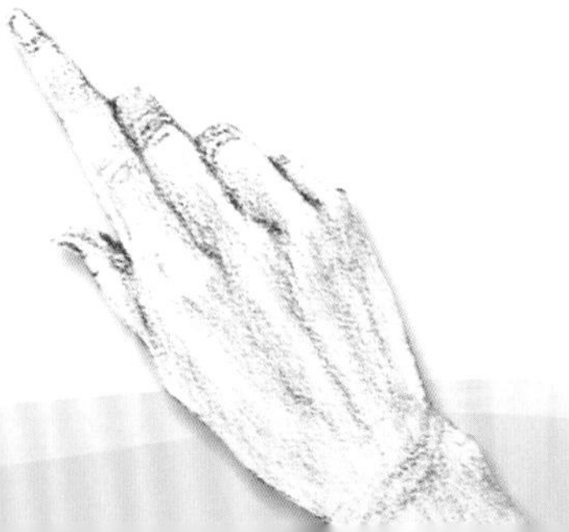

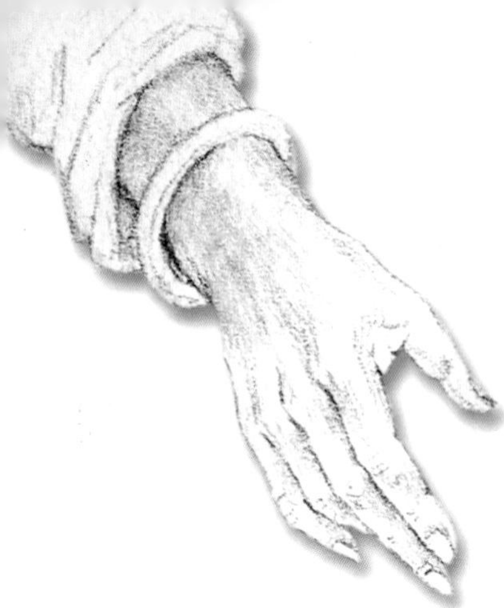

等到飯菜都準備好了，大兒子到樓上請媽媽吃飯，叫了幾聲沒反應，又靠床邊搖搖她，也沒有反應，用手在鼻孔前試試已經沒氣了，死了。周阿美師姐又打電話給我，剛好我在中山大學教授「佛學與人生」，下了課，聽到這個消息，馬上開車，直接到他大兒子家，幫忙其子女將其遺體從樓上移到樓下來，布置了簡單的靈堂，並為她助念一支香。

老菩薩當年沒有死，可能有三個原因：一、她才受完菩薩戒不久，有功德；二、她平時護持三寶，喜歡行善積功德；三、當她住進醫院時，就交待媳婦周阿美師姐說：「我如果死了，妳拿五十萬（台幣），請佛光山幫我拜一壇梁皇寶懺。」也許是這樣，原來五年前應該病死醫院的她，卻變成五年後壽終正寢，安詳往生！

觀音救三難

我對觀世音菩薩的大慈大悲，一直都非常的敬佩，出家三、四十年來，也都希望學習菩薩的慈悲精神，運用在待人處事的日常生活上，雖然很難滿分，但慈悲是佛教的根本，一定要繼續努力修行。

每當看到觀世音菩薩的靈感事蹟，就對菩薩的慈悲，更是深信不疑，但同時也想，如果更多人知道菩薩的慈悲感應，就對菩薩的信仰，更加虔誠，也就有更多人得到菩薩的保佑，而消災解厄，平安吉祥。因此，看到智誠大居士於廿六年前編輯的《觀世音菩薩靈應事蹟實錄》，有一篇慧星居士一生受菩薩救苦難的事蹟，都是真實的故事，記述如下：

我在北平讀書時，在訂閱的報章中，見到附送的觀世音菩薩白衣神咒，心生敬仰，就背了起來。後來在江蘇句容縣任職，每天上下班須經過觀音庵，心中則作入庵禮拜及對聖像持誦神咒的觀想，很少間斷。

一九三七年的冬天，日軍入侵，句容情勢緊張，南京杭州間交通斷絕。為了安全，我借了車子送家眷先到鎮江，計畫再由鎮江轉往淮陰暫避，來日全家會合一同前往武漢。家眷離去的第二天早上八時左右，突然接到妻子由鎮江來電話，說昨天渡江往北到仙女廟時交通受阻，只得連夜返回鎮江。如今，北去淮陰既不可能，想回句容也沒辦法，目前暫時住在碼頭附近的旅社，等我前去決定一切。

我聽後不知所措，第一，正值兵荒馬亂，根本找不到車子前往鎮江；

第二，到鎮江後要怎麼樣安置家眷？第三，自己要如何再回到句容？（上級命令不得擅離職守）在此時，我只有祈求菩薩加被，別無辦法。放下電話後，茫然走出辦公廳，忽見廳前停著一輛小轎車。我急忙向前詢問開往哪裡，碰巧是開往鎮江。我大喜過望，坐上車後又問司機：車從哪裡來？對方答說派來傳送重要文件。又問：為什麼車還沒開走？答說：因有人忘了東西回去拿還沒回來，所以沒開車。

在我想來，這輛車就像專門等我乘坐的，不然哪能恰好這時有車；就是有車，哪會必去鎮江？若沒人忘了東西，車早已開出，我又哪有機會搭乘？這一切若不是菩薩庇佑，哪能這麼巧？

到了鎮江之後，我決定送家眷先去武漢，此外沒有別的路可走。當時鎮江人心慌恐，都作疏散打算。英國商船德和輪正停泊江心，是開往武漢最後一班輪船，午夜就要開駛，船票早就賣完。上船的人，須先坐小舢板到船邊，用手高舉著船票，不然英國水手就用水槍噴射，阻止上船。據說，載重量已經達到飽和，不得不加以限制。

從岸上遠望船舷，只見堆滿行李箱籠，旅客則睡在空隙地方。碼頭上人潮擁擠，許多人來往奔走，願用高價買船票，但都沒人買到。我人地生疏，言語不通，更不敢夢想。我在碼頭上徘徊很久，最後還是失望地回到旅舍，無法可想，只有與家人相對歎息。當時焦急的情形，現在想來，餘悸猶存。到了這個地步，只有祈求菩薩加被而已。

正在默誦及祈禱中，門忽然被推開，一人手拿船票，直入室中要賣給我，說他因事故不能搭船，願照原價錢出讓，並且說在這兵慌馬亂中，實在不想發不義之財。我在千謝萬謝中，買到這張逃生的船票，真是如魚得水，立刻將妻子送到船上。旅館的人員看到了很覺驚奇，想不通這時怎麼有人賣船票？又為何直接就奔到我房裡賣給我？為何甘願以原價賣出？我則深切體會到，菩薩威神之力，實在不可思議。

我因職務關係，送內子上船後就灑淚分手，想到將來能不能到武漢一家團聚，無法預料，一時國愁家難，齊上心頭，悲哀淒涼的心情，已不知走在何街何路。忽然想起要如何回去句容的事，不禁又站在街中發呆。這時聽到前面巷口裡有兩人在爭吵，原來是一輛貨車拋錨，車主和司機互相責。我問他們車子開往哪裡？答說要回南京（經過句容）。我聽了大喜，懇求搭乘，於是順利回到句容。

下車後，立刻前往觀音庵禮拜，並抽一籤，請示能不能到武漢與家人團聚。籤上說：「欲攀丹桂上蟾宮，豈慮天階路不通；望用一般音信好，高人親送到蒼穹。」後來果然和句容縣長結伴

每當看到觀世音菩薩的靈感事蹟，就對菩薩的慈悲，更是深信不疑，如果更多人知道菩薩的慈悲感應，也就有更多人得到菩薩的保佑，而消災解厄，平安吉祥。

到武漢，和家人團聚。

經過這次感應，我持誦白衣神咒更加虔誠，如果因事沒誦，則儘量補誦。

一九四一年，我在河南任職，機關內有槍枝，我喜歡玩槍，也放一枝在臥房，時常裝退子彈消遣。當時內子正懷孕，懷中抱著次子，坐在對面床上，我無意中用槍口對著她，當時認為子彈已經退出，不覺中觸動板機，覺得有東西阻礙著撞針，心裡知道不妙，急忙檢查槍枝，只見有一顆子彈，卡在槍膛。當時害怕得手足發軟，面色改變。妻子已經察覺，惶恐地責說：「常常勸你不要玩槍，以免危險，總是不聽。今天若不是廢彈，就要闖下大禍了！」

我一時已沒勇氣再弄槍，就叫機關的喬隊長來，請他退出子彈，並告訴他經過情形。他見彈殼尾部已撞一小坑，也說：「幸虧是廢彈，否則不得了！」他退出子彈後，因為好奇，又裝入，走到室外向空試射，只聽轟然一聲彈已飛出。同事們紛紛出來探詢，以為槍枝走火，我們則面面相覷。使人無法瞭解的是，這顆子彈既不是廢彈，為何先前不響？現在向空射擊，為何又會響？大家都說奇怪。喬隊長則稱讚我福氣厚，我自知哪有什麼福德，所以沒有惹禍，應該是禮拜觀世音菩薩得到的奇跡。

來台後，家中供奉觀世音菩薩。一九五〇年秋，次子患頭痛發高燒，又發痙攣，身直如棍，兩眼上翻，抽動不停，經省立台中醫院診斷為腦炎，入院七日，仍昏迷不醒，一滴水也不能喝，只有整日抽動。我見此情形，黯然神傷，想起在流離遷徙中，撫養不易，今已八歲，想不到患此疾病，不禁潸然淚下。

我於是默念菩薩神咒，懇求加被賜佑，念不到三遍，次子竟睡著了。半夜聽到次子向我要水喝，真是高興極了。倒開水給他，並沒有喝下，只有用手將杯推向床邊，把被都弄濕了，又昏沉睡去，但已經沒有抽動的現象。再次醒來，要水喝了幾口，隨後用手左右亂摸，像找東西，問找什麼？他答說找帽子。他並沒有帶來帽子，想必是夢話，我就未加注意。

次日清晨，他已能睜開眼看東西，算是比較清醒。問他知道現在住什麼地方？他答說不知。又問他昨天喝開水、找東西記得嗎？他答說，先拿水給同來的小孩喝，第二次才自己喝，但帽子卻被那個小孩拿去。問他那個小孩從哪裡來，答說：「我在一個地方看戲，那小孩要送我回家，他走時將我的帽子拿去。」我最初還不瞭解這是菩薩的加被，隨即領悟到「送他回家，拿去帽子」，這不是菩薩拔除他的腦炎疾病，使他神識回到本體嗎？不禁誦念聖號不止。

自此，次子日漸康復，不到兩星期就出院，而且沒有遺留任何毛病，真是太神奇了！

觀世音菩薩倒駕慈航，輔弼阿彌陀佛，度化眾生，脫離苦海，超登彼岸，我們怎麼能不一心恭敬禮拜觀世音菩薩，虔心持誦六字洪名「南無阿彌陀佛」呢！

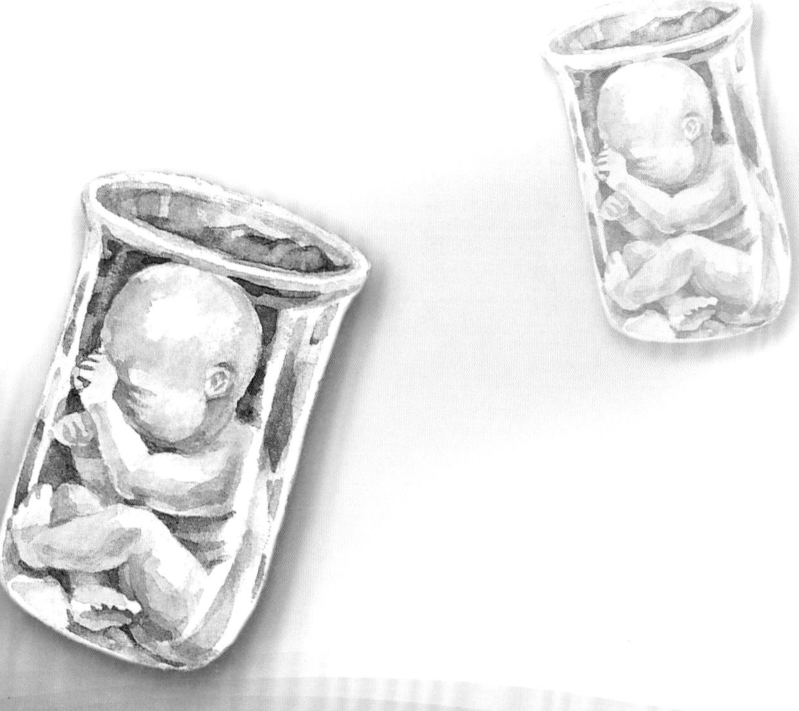

一切由心

我們從過去到現在這一輩子，然後又到下一輩子，到底是什麼樣的因緣在掌控？我們自己又是否可以把握自己的未來，掌控著自己的下一輩子要到哪裡去，或是變成什麼模樣嗎？

這裡跟大家分享兩個故事，從中可瞭解到，到底是什麼因素起了關鍵性的作用。

佛教注重根基，根是根本，基是基礎。如果沒有基礎，空中絕建不起樓閣來；若是基礎不堅，樓閣亦難保久遠。人也是這樣，如果沒有素養，或者沒有好的素養，必不能成為大器，這是必然之理。

在中國明朝時代，有一位姓陶的女士，家住浙江紹興，是當

佛教注重根基，根是根本，基是基礎。
如果沒有基礎，空中絕建不起樓閣來；
若是基礎不堅，樓閣亦難保久遠。

地王德用先生的妻子，伉儷感情彌深。唯一美中不足的是，陶女士過去對佛法缺少培植，所以自來到這個世界上，對佛法一直不感興趣。

她不但對佛法不感興趣，連做人之道的善言、善行也一點都沒有。依佛法的角度來看，這實在是一個苦惱的人生。像一個人在沙漠上旅行一樣，沒帶充足的水與糧，是毫無生機可言的。

有一天，陶女士突患重病，神志昏迷，久久不甦醒，恍惚中看到兩個鬼卒對她說：「你的陽壽已絕，當墮惡道。」鬼卒的話剛剛說完，地獄諸相忽現眼前，刀山劍樹，鑊湯銅柱，以及其他種種刑具，無不畢現。而正在地獄中受刑的人，慘呼哀叫，目不忍睹，耳不忍聞。

陶女士親眼見到這些地獄慘相，怵目驚心，恐懼萬分。想到自己在生前所做所言，無一為善，一旦身遭其境，將何以堪？

這時，她忽然想起隔鄰廟裡和尚誦經的聲音，依稀還記得有「金剛般若波羅蜜經」這幾個字。於是，她不期然地高聲誦念著：「金剛般若波羅蜜經」。就這樣差不多念了有幾千遍，達至一心不亂。說也奇怪，這時地獄忽然不見了。陶女士的心情由緊張沉重變得輕鬆起來。然而，奇怪的事情還不止於此。陶女士念誦了「金剛般若波羅蜜經」這幾個字以後，她嘴裡忽然發出五色彩光，而空中隱隱約約有人大聲說：「陶善士已生善趣了。」

陶女士究竟到了哪一善趣，不得而知，但從那彩光可知必是生到人天二趣。

如前所言，陶女士沒有培植過善根，所以她生前所作所為一無是處，死後的墮落，是她應得的必然下場。然而應下地獄，而又不下地獄，這又是什麼原故？豈是因果有差？

要解答這個問題，必須要瞭解心念轉換的重要性。善與惡，

善與惡，天堂與地獄，只在一念之間。一念善，即是天堂；一念惡，即是地獄。

天堂與地獄，只在一念之間。一念善，即是天堂；一念惡，即是地獄。十法界（六道、聲聞、緣覺、菩薩、佛）亦不出當人之一念。故「念」為吾人升沉最主要之轉捩點，不可不慎。

當地獄現前之際，陶女士能憶及「金剛般若波羅蜜」七字而高聲朗誦，至數千遍之多。這證明她過去的惡念，已轉變成善念了。善念一生，萬惡皆滅。況且般若為諸佛之母，能一心持念，其功德自不可思議。陶女士之所以能滅惡生善，就是由此緣故。

還有一個真實故事，是關於一位過去世當小偷的人，死了以後又來投胎轉世。這個人待要出世之際，助產士到產房去助產，卻在洗手的時候突然發現金戒指不見了。大家都在想：「這怎麼可能？」因為產房內只有產婦以及剛出生的嬰兒，並沒有其他的人，金戒指怎麼會無緣無故不見了？助產士將臉盆的水倒掉，怎麼也找不到金戒指，突然瞥見嬰兒的拳頭握得緊緊的，於是前去打開那小手，金戒指竟然就在他的手上。

過去世當小偷的人，這一輩子很容易因為習性使然，又來當小偷。我們很多的習性，都是過去世所累積和帶來的。

習性如此，與人的因緣也如是。有的小孩子個性很差，父母氣得無計可施，這時要轉念去想，自己一定是過去世跟這個小孩子很有緣，所以當父母的要很有耐心和愛心，來慢慢引導這個有緣的小孩。

我們修學佛法後，明白了下輩子要做怎樣的人，會遇到怎樣的因緣，全都是自己決定的。任何一個行為，任何一句話都會被記錄下來，下一輩子就靠著這些業力來決定。

因此，星雲大師說的：「存好心，說好話，做好事」就是最好的依據，讓我們儲存更多善美的種子，打好穩固的基礎，他日必會綻放美麗的花朵。

口生蓮花

受持《金剛經》，主要是以般若空性智慧，引導五度波羅蜜——布施、持戒、忍辱、精進、禪定等，以及四攝法門——布施、愛語、利行、同事等，福慧雙修，從而證入無上菩提為理想目標。

但，誦持《金剛經》，也可獲得不可思議的感應功德。在這裡就說一個「口生蓮花」的故事，會讓人覺得難以置信！

宋朝淳熙元年，揚州府承局周興，自幼每日持誦《金剛經》一卷，不論公私如何繁忙，必定抽空持誦。

有一次，他奉太守莫濛之命，攜帶錢幣、絲料、沉香及壽燭等獻禮，大約價值一千多貫，前往京城向朝中的一位顯貴祝壽。

到了瓜洲渡，周興投宿在郁三所開的客店中。郁三夫婦看到周興的行李沉重，遂起了貪念，與哥哥郁二計謀，在三更時分，入房行兇，將周興打死，抬到離店約有五里的地方，將屍體埋在路旁，並將周興所帶的行李及財物盡行劫走。

周興因為超過回報的限期，仍未返回揚州府向莫太守復命，就被誤為攜款潛逃。他的妻子受到牽連，因此被官府監禁於獄中。

莫太守奉召前往朝中，帶著左右侍從起程，到了離瓜洲渡尚有五里的地方，忽然看到一朵蓮花攔阻在路上。莫太守便下令左右的侍從將蓮花折斷，奇怪的是，這些侍從用盡力氣，甚至用利刃來劈砍，卻無法將蓮花砍斷。

莫太守覺得很奇怪，遂命人就地挖掘看看。挖到約四五尺深時，突然看到一具屍體，原來蓮花竟然是從死者的口中長出來的！

眾人將死者抬出，仔細端詳，死者的眼睛輕輕地眨了一下。眾人七嘴八舌地辨認，竟認出這人就是去年失蹤的周承局。莫太守大吃一驚，連忙命人將他攙扶到附近的人家，用粥湯慢慢調理。

到了次日，周興才能開口說話。莫太守親自來探視，周興對他說：「我帶著祝壽的獻禮，投宿在客店，結果遭店主郁二及郁三謀財害命。我被他們打死掩埋，至今已有十八個月了。」

莫太守聽了只覺得十分神奇，趕忙問說：「你為何能夠不死？又不覺得饑餓呢？」

周興回答道：「這都是我以前持誦《金剛經》的功德力所致。我被埋在地下，就像在夢中一樣，看到一位金剛神，將一朵蓮花插在我的口中，所以至今仍然不覺得饑渴。」

聽完周興所說，太守不禁肅然起敬，合掌再三讚歎說：「我曾聽聞《金剛經》有不可思議的功德，一直未能深信，經你這麼一說，才知《金剛經》有如此神力，真是佛法無邊！我深感慚愧，已將你的妻子監禁年餘，現在後悔也來不及了。我想平日所審理的案件中，必定有不少是冤枉的，我發願要再三細審，免得再有冤枉好人之事。」

太守立刻行文揚州府官，將周興的妻子盡速釋放，並且派人將郁二及郁三夫婦逮捕。郁二兄弟知道無法隱瞞，只得招認出確實在案發當晚，串謀打死周興，再劫走他所有的財物。

真相既得大白，太守便將全案的經過具文奏呈皇上。皇上閱後下了一道聖旨：「周興承佛法不可思議的功德力，所以神天守護，因而得以死而復活，善行殊堪嘉許。郁二及郁三謀財害命，罪孽深重，如果予以寬貸，惟恐以後再陰謀害人，應一併予以重杖處死。郁三的妻子脊杖二十，充軍海外，永不放還。」

我們讀到這一段：周興死了埋在地下，口裡尚能夠長出蓮花；那一心持誦經卷的人，一心不亂，身坐蓮台，也是可相信的了！

再從這篇故事看來，周興所受的冤屈，得以真相大白，皆是佛菩薩暗中護佑，才得免於死亡及饑渴。至於周興被埋於地下超過一年，卻未被來往的行人發現，一直要到太守赴京的途中，才從地面出現蓮花，終得洗雪沉寂年餘的冤屈，其中原因何在？

我總認為佛菩薩為了開示教化，啟人敬信之心，要讓太守親眼看見此事，所以在冥冥中如此安排。要不然，如果是由路人發現相救，再由周興面報太守，所謂「眼見為憑」，太守沒有親見，自然不會深信，也不會把這件事上奏皇帝，讓這件事告知天下。

我們如今能有殊勝的因緣聽聞佛法，如果不能聞而起信，進而努力修行，豈不辜負了佛菩薩的諄諄教誨！

受持《金剛經》，主要是以般若空性智慧，引導五度波羅蜜一布施、持戒、忍辱、精進、禪定等，以及四攝法門一布施、愛語、利行、同事等，福慧雙修，從而證入無上菩提為理想目標。

誦經功德不思議

世間上很多人都喜歡吃肉，有時候家畜肉食還嫌不太夠味，時常去山間野外獵食野生肉類，調調口味。在一般的社會上來說，這算不了什麼，並不認為有什麼犯罪行為，但在佛教來說，這卻犯了五戒裡面的第一殺戒。犯了殺戒的人不但將來（來世）或現世（今生）要身受殺報，死後在閻羅王面前亦不免刀鑊之苦。

過去中國有位名叫王迪功的人，他是服職於政府的官吏，衣祿已經是很夠富裕的了，但他對於家常的肉食有點乏味，總希望換換口味。因此，他常常在公餘之暇拿著打獵的武器到山裡去獵取野味。

他的夫人是一位虔誠的佛教弟子，王家的其他家庭成員，雖然沒有一個反對佛教，但能真正具有誠信，而實際去奉行的，只有王太太一位。

自到王家，她即聲明不宰殺任何生物。她的尊長和丈夫總算開明，秉著人各有志的態

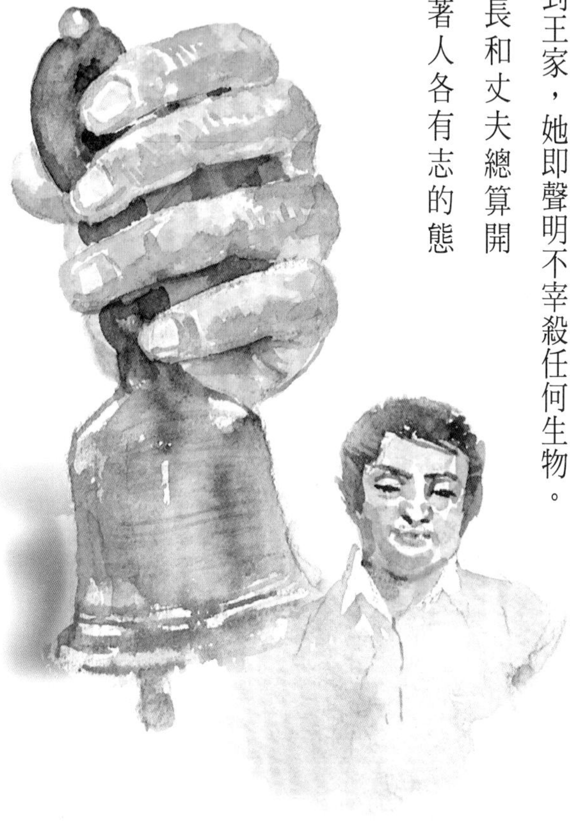

度，不勉強她做不願做的事。大家大魚大肉的，吃得腦滿腸肥，她卻淡泊自甘。

她茹素，但她的體格也很強健，平常很少有病。她的功課，以念經為主。她每日念《金剛經》數十卷。其它的什麼也不念，只此一門，專心深入。

有一天她的先生打獵回家，正巧她在念經，這時前十四分剛念完，正要開始念十五分，她見先生從外面回來，喜不自勝，即時喚住他說：「來來，同我念念這第十五分（持經功德）《金剛經》吧！」她先生本來對佛經是沒有什麼興趣的，因為伉儷情深，不忍拒絕，就跑到經案旁邊坐下，跟著他太太從持經功德第十五分念下去了。

他實在感到乏味，還沒念完就跑開了。他太太在搖頭歎氣之下，徒喚沒有善根，奈何，奈何！

從王迪功念經時算起，大約過了五年的光景，有一天忽然中風（由於肉食過多所致），醫藥罔效。因為身體癱瘓，不能行動，就經年睡在床上，這種痛苦也夠他受的了。

有一天，他在迷迷濛濛之中，被兩個像當差似的人拘去。他跟著那兩個差人走到閻羅王審案的法庭上，閻羅王怒容滿面地坐在法椅上向他斥責說：「你享受國家爵祿，不去修善積德，卻專以殺生害命為能事，減你的壽命，絕你的俸祿，不足以罰你所犯的罪，應該要把你放入鑊湯，讓你嘗嘗熱湯的滋味。」

坐在閻羅王旁邊的鬼吏，檢查人間善惡的簿子後告訴閻羅王說：「這個人殺業雖然重，但生前曾與他的妻子同念一分《金剛經》，應予將功抵罪，放還陽間！」

閻羅王認為他的殺業那麼大，不略施懲誡，就輕易把他放回，將何以儆來茲！於是命鬼差在鑊湯內取一杓湯，澆在他的背上，使他知所警戒，然後才把他放回去。

王迪功回到陽間後，背肩上忽然害了個背疽，痛徹心髓。他知道這是鑊湯澆淋所致，非醫藥所能收效。於是請她的太太在佛前替他發願懺悔：「永遠不敢再傷物命，且願手寫金經，終身受持。」

這一天夜裡，他忽然夢到一個和尚用手摩擦他的背疽，並沒

《金剛經》強調菩薩的修行一定要發大菩提心，行六度四攝法門，特別是要度一切衆生入於無餘涅槃，這是大悲心的極致。所以《金剛經》是徹底的人間佛教，是人間菩薩修行的寶典。

摩多久的時間，僅僅只摩了三匝，等到天明的時候，他的背疽，脫然而愈。

《金剛經》上說：「若有善男子，善女人能於此經，受持讀誦，則為如來以佛智慧，悉知是人，悉見是人，皆得成就無量無邊功德。」又說：「當知是經不可思議，果報亦不可思議。」又說：「若人以此般若波羅蜜經，乃至四句偈等，受持讀誦，為他人說，於前福德，百分不及一，百千萬億分，乃至算數譬喻所不能及。」

佛對受持《金剛經》的功德如此的讚譽，並非誇大其詞。我們看看王迪功連《金剛經》一分尚沒念完，以如山殺業，就可不減壽祿，而免鑊湯地獄之刑，怎能不決然而信呢？

然而，若要從中真正受益，還得從聽聞經文內容之後，加以消化、吸收、修持。《金剛經》說：「世間一切都是假相」，或者把世間每一樣事物的短暫存在稱作「幻相」，形容它為夢幻泡影。為什麼？因為任何東西生起以後，一定會逐漸壞掉、消失。以苜蓿芽來說，你把它搓、搓、搓，搓到水分沒有時，它就消失了，因此它只能維持一段時間。又像水果，它產生以後到爛掉、消失為止，存在的時間非常短暫，所以形容它是「虛妄」的。

《金剛經》強調菩薩的修行一定要發大菩提心，行六度四攝法門，特別是要度一切眾生入於無餘涅槃，這是大悲心的極致。從初發心到證得菩提為止，於其中間清楚知道一切法的真實相，這是菩薩的空性智慧。所以《金剛經》是徹底的人間佛教，是人間菩薩修行的寶典。

世間一切理合圓
盈虧虛實皆因緣
一句彌陀將心念
萬里無雲萬里天
——心定和尚

福慧雙修

福慧雙修，意思為同時修持「福德」與「智慧」二種莊嚴法門。所謂福德門，如六波羅密中的布施、持戒、忍辱、精進、禪定等利益他人的善業都為福德。智慧門指般若，為自我利益的真理、觀念。

「智慧」與「福德」二者，猶如鳥之雙翼、車之雙輪，缺一不可。學佛之人必須福慧雙修，方能達到究竟。佛教有一句話：「修福不修慧，大象披瓔珞；修慧不修福，羅漢應供薄。」說明學修應該要福慧雙修，不可偏廢一法。

修善積福所得的福報，完全受心量所侷限，心量大，施少得大福；心量小，施多得小福。每個人一切時、一切處都有修福的機會，問題是自己是否會掌握，是否肯認真去修學，為自己創造幸福美滿的前途。

星雲大師談智慧時，提到：智慧本然存在，不假外求，智慧本然存在，不假外求，人們所要努力的，只在於經由如何的路徑，讓心性中的那顆明珠，顯發光芒。路徑，從心出發，看山水，觀人事，展書卷，勤修行，智慧自能從中啓迪。

人生在世，所謂「智慧周旋常遍轉」，不論遭遇如何境地，山不轉，路轉；路不轉，人轉；人不轉，境轉；境不轉，心轉。心一轉，宇宙人生，窮通禍福，一派瀟瀟灑灑，任運自然。

所以，「福德」要「智慧」來引導，「智慧」要「福德」來積成。

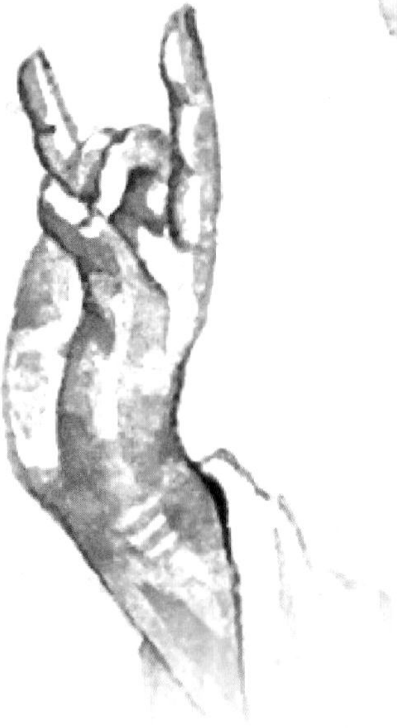

明察善惡

生活在從樂入樂
從明入明的善循環裡

人能一心向善，廣修陰騭，則雖遇凶厄而化吉祥。
若任意非為，種下罪根，雖本有福而終得凶災。
所以，心為一身之主，心善則命善，心惡則命惡，
欲知吉凶禍福，但問自心便知。

不欺暗室

中國河南省的朱仙鎮，有一位經營豆漿店的陶俊英，為人忠直，很有善心，侍奉母親特別孝順，鄉親都很稱讚他。俊英的妻子姓柯，也很賢淑，敦守婦道，是一位賢內助。她為俊英生下一男一女，一家數口，藉著賣豆漿、醬菜維生。多年來相安過日，共樂天倫，算是小康之家。

有一天，俊英往市鎮買豆子，快傍晚時回家，路上遇到一位星士，正在為人算命，據說很準，是一名神算子。俊英一時好奇，也上前請其排一命局，星士按其八字、即觀其五形，沉吟良久，長歎一聲說：「你今年四十六歲，壽命該終，必須行孝奉

母，買物放生，寬心以待善終，無法可解。不要認為我說得荒謬，明年倘若你還在人世，可來將我的算命桌推翻，我就從此不再替人算命，決不食言。」

陶俊英聽星士說自己壽命今年該終，心裡覺得半信半疑，也不很在意。扛著豆子回家以後，再想想星士的話，既然人人都說很靈驗，應該就是真的。他心想：「我既然只剩下四個月活在世間，何必天天那麼忙碌辛苦。」因此，他決定不要只顧做生意，開始到處遊山玩水，遇到有人販賣龜、魚、鳥類，價錢不貴的話，就買去放生。早出晚歸，經常如此，家中母親、妻子及子女，都覺得俊英近來變得不太一樣，但也不過問，任他自由行動。

有一次，他身上帶了三十兩銀子，到市鎮買豆，剛好遇到豪雨不停，無法回家，只好暫時借宿在表兄家。表兄是當地望族，娶了幾位妻妾，都是青春嬌豔。其中有一位叫小玉的，趁著三更夜靜時，私下走進俊英的寢室，表達愛慕之情。俊英是正義的人，怎敢暗室虧心，害人名節，於是婉言拒之。小玉也知道自重，含羞而退。天亮時，他拜辭表兄，並沒有透露小玉的事，為人算是厚道。

扛著豆子回家，他聽到母親及妻子都微有怨言，埋怨他怎麼最近都不顧生意，終日東遊西走的。俊英本是孝順的人，心中不免感到歉疚。他自知生死有命，順時聽天，但他告訴自己，不可以讓母親憂心掛礙。因此他仍舊料理店務，照顧生意，殷勤侍奉母親，寬心等待死期。

光陰似箭，年終已過，春天到來，而俊英卻比以前更加精神輕爽、身體健朗。原以為年終必死，如今竟然活得好好的，內心責怪星士愚弄他。等到正月過後，他來到鎮上尋找那位星士，並將他的算命桌推翻。星士一陣臉紅，心想自己算命雖精，而天道難詳，從此入山學道，不知所終。

俊英回家後，將星士算其四六必亡之事稟告母親，家中大小才猛然醒悟。

有一天晚上，俊英夢見城隍指點說：「你的壽命，四六該亡，不是星士之言不準，因你十月十九日當天夜晚，拒絕淫欲，守住貞節，又全人名節（厚道），上天感念你的美德，特別延壽二紀（二十四歲），改注生簿，移凶化吉。你以後更應謹慎修道，自然獲福不少。」

俊英醒後，才知道自己不死，是因種下福德的關係，不是星士胡言。從此更加用心，積極行善，不敢懈怠。從此生意日漸昌隆，獲利增多，家道欲如，壽至大稀。他善終正寢時，兒孫滿堂，鄰里都很羨慕。

人生在世，壽夭貧富，雖說命中註定但更重要的是今生的努力。為善獲福，作惡招災，依人心之善惡，可隨時改變。天地鬼神，鑒察分明，絲毫不爽。人能一心向善，廣修陰騭，則雖遇凶厄而化吉祥。若任意非為，種下罪根，雖本有福而終得凶災，此自然之理，決非命中所能制定。所以說，心為一身之主，心善則命善；心惡則命惡，欲知吉凶禍福，但問自心便知。

人生在世，壽夭貧富，雖說命中註定但更重要的是今生的努力。
為善獲福，作惡招災，依人心之善惡，可隨時改變。

心轉，運轉

中國平陽地方有一位姓卞名瑞的人家，卞瑞經商多年，家境不錯，三四十歲時，妻子死了，又娶了一位繼室，姓常，才二十歲左右，生得秀麗端莊。卞瑞父母相繼死亡，一位弟弟卞璞才十歲，也是眉目清秀。卞瑞行李準備好，又要出外經商，吩咐妻子常氏要像他在家一樣，好好照顧年幼的弟弟。常氏點頭，記住丈夫的交代，更加地愛護小叔。

日月如梭，年復一年，卞璞長成少年，英俊挺拔，與年輕的嫂嫂在一起，就像一對夫妻。因為嫂叔相處，感情融洽，村莊的人就起了疑心，似有瓜田李下之嫌，傳出一些譭謗的聲音。

卞瑞在外經商數年，想念家鄉，突然回鄉。進入村莊時，遇到鄉親熟人，先打聽一下家中狀況，鄰居就是非傳言告知，且表情略帶神秘，卞瑞心中半信半疑。

回到家中，放下行李，稍作休息，到了吃飯時刻，妻子常氏，也沒特別準備豐盛佳餚款待，且吃飯時，夾好的給弟弟，粗糙的給自己。卞瑞心想，在外經商，千里跋涉，回到家鄉，竟然如此草草接待，想起傳言之事，疑心更重，只是忍在心中，不便發作。大約十天過後，卞瑞又向妻弟告辭，出外經商，同樣的吩咐妻子好好照顧卞璞，但實際上是躲藏在隔壁村莊，預備捉姦。

卞瑞走後，常氏就想趁此回娘家一趟。卞璞親送嫂嫂，自己一人回家路上突然雷雨交加，暫時跑進一間破舊的廟宇避雨。等到雨過天晴，又開

始走路回家，來到一條河邊，已經是洪水滾滾，不像來時清淺，只好呆呆地坐在河邊的石頭上，想等到河水退位後再回走。

不久，太陽西下，大地渺茫，正猶豫如何回家之際，突然河中漂泊一物，略似人形，當下生起惻隱之心，伸手去抓，拉上岸來，果然是人。卞璞立刻將人翻身傾斜，泄出腹中積水，不久甦醒過來，問清楚，才知是一位小姐。她告訴卞璞：「奴家姓許名月娥，才十七歲。因不小心掉到河裡，差一點就淹死了，幸蒙先生相救，才得活命，願以身相許，終身服侍。」

卞璞說道：「夜色已晚，不辨途徑，我家離此不遠，我先帶你一起回家住宿一夜，明天才送你回去好嗎？」月娥非常感激，卞璞保護著月娥涉水過河，不久就回到家裡。找幾件嫂嫂的衣服給月娥換上，又燒火讓月娥取暖，並且同時烘乾衣服。月娥深深感念卞璞的恩德，願當夜玉成好事，終身服侍身旁。

卞璞表情嚴肅地說：「你有父母，我有兄嫂，私相結合，有違正道。而且既經玷污，你損女節，我壞名德。若真有意，明天回去，告知父母，請人來說親，將可成就姻緣。」於是叫月娥自己睡覺，卞璞自己帶著棉被到鄰居屠夫家借宿。屠夫心想，卞璞半夜出外，家中必有緣故，追問到底，知悉事情始末，竟起邪念。

另外，同村中有一風流婦人，每見卞璞英俊瀟灑，愛慕已久，卻苦無機可乘，今晚探知卞璞兄嫂外出不歸，機會難得。於是她濃妝豔抹，華服盛裝，準備毛遂自薦，直往卞璞家。

月娥剛準備好要就寢，忽聽庭院木屐聲，鏘鏘作響，非常害怕，心想卞璞已外宿，不可能又再回頭，來者當是強盜匪類，於是趕快又穿好衣服，心中害怕地躲到黑暗的角落。婦人一走進房間，看到被褥均已鋪好，心想卞璞大概上廁所，很快就會回來。

自己就卸下衣裝，上床等待。

這邊屠夫看卞璞已睡，就悄悄前往卞家，一進去就上床，婦人以為卞璞來了，終於滿了心願。

而卞瑞從鄰村趕回捉姦，潛伏窗下，聽到兩人聲浪，怒目切齒，手持利刃，摸頸便砍，結果男女之頭都被砍斷。卞瑞用婦人之衣裙包住兩個血淋淋的頭，連夜奔向岳父家，欲責備岳父疏於家教。到達時，用手敲門，常氏應聲說：「來了！」卞瑞辨別得出聲音確似其妻，就非常訝異。門一打開，果然是妻子常氏！

卞瑞害怕得不得了，將整個情形告訴常氏，夫婦一同回家，常氏一面走一面哭。進入村莊，哭聲傳到屠夫家裡，卞璞聽出哭聲很像嫂嫂，急忙穿好衣服破門而出，相見之下，彼此更是大驚失色。情節離奇難測，無法想像是怎麼一回事！三人同行，一起回家，進入房間，才知所殺是屠夫淫婦。

心正無邪，且堅持道德觀念，現前免去砍頭之災，
又獲良妻之福，且其後福必定不可限量。

卞瑞帶著人頭到衙門投案自首，縣官判斷屠夫奸邪，婦人私奔，所作非法死有餘辜。卞瑞誤殺，本意並非殺此二人，判其無罪。而卞璞心地善良，月娥許願，可說是天作之合，當庭為其公證結婚。而卞瑞卞璞兄弟雍穆和好如初，妯娌也備加親愛，闔家幸福美滿。

在這個故事裡，最重要的是，卞璞心正無邪，且堅持道德觀念，現前免去砍頭之災，又獲良妻之福，且其後福必定不可限量；反觀屠夫淫婦，邪淫之念熾盛，最終斷頭命喪黃泉，魂歸地獄，現世之報，多麼可怕！

普勸紅杏出牆、外遇偷腥之輩，應及早懸崖勒馬，一保身命、二保名節！

虛榮的代價

這是說明虛榮心強，足以敗家的故事。一般傳統的說法，男主外，女主內，如果女人家相夫教子，知道勤儉致富，則家道興旺；如果虛榮心強，奢侈浪費，則家道中衰，自古以來，大都如此。現在要舉出日本奈良縣所發生的一個故事：

在日本奈良縣三輪村，有一位青年，名叫村上，在中學就讀，通文學，但因家道寒微，中途輟學，就職於攝津船越會社公司。

後來，村上君娶長谷三郎先生的次女為妻。這位太太名叫貞娘，性本聰明，身出望族，因其父為船越會社的副座，觀察村上君品性純良，所以才將他的女兒貞娘嫁給村上為妻。

村上自奉職以來，敏事慎言，漸漸得到主人望重，又經岳父大人的推薦，職位漸高。可是他的妻子貞娘，虛榮成性，不知經濟難關，經常打扮得珠光寶氣，以致村上收入不足支出，家境越來越窮困，無奈愛情甚篤，妻子的一呼一喚莫不聽從。

很快地三年過去了，妻子都沒生下小孩，膝下雖寂寞，而枕上卻融和。有一年快到過年了，貞娘知道丈夫月俸賞金一定很多，重整容妝，極盡美麗，要丈夫給她五百兩銀。她不知道，村上為了供應她揮霍，早已負債如山，因愛貞娘而不敢給她知道，雖有薪俸以及年終獎金，都拿去償還債務，只剩日食之需。

他經妻子一迫，滿口糊塗，推推拖拖，日緩一日，況在步入歲末，告貸不易，不得已與其妻約定：絕對可以有錢給你，貞娘聽了歡喜得眉開眼笑。

隔天早上，村上早餐幾乎沒吃飽，潦草行裝，望東而去，意欲向朋友乞憐，數處碰壁，想要回去卻又怕河東獅吼，徘徊不知去向。心中憂愁之際，精神恍惚，毛毛細雨，依然信步徐行，狀若行屍。忽然，雷聲隆隆，豪雨驟下，他急忙趨避在一棵古樹的蔭下，避免全身濕透。

奔波了一天，村上只覺得精神疲倦，雙眼朦朧，忽然看到一位老人，手中拿著包裹，也走到樹下避雨，自稱名叫長谷。村上睜大眼睛一看，知道包裹內一定有銀兩，馬上殷勤招呼，報上姓名希望得到老人的幫助。

長谷氏年近五十，一副忠厚樸素的樣子，在外收取租金歸途，邂逅樹下，看村上是一名樸厚的青年，無妨傾心相談。從對談中，村上知道老人懷中，帶有現金五百兩，若肯借來一用，則回家可滿妻子的願望了。

不過，回頭再想：如果老人不肯，今日我已沒臉回家見妻子，只可盡我一身，寄倚青山下，一死了之，投胎轉世，再廿餘年後，依然一身如此長大。村上的思惟消極潦亂，但心中仍可憐妻子無可托寄，不如以老人的命，代替我死，得金歸來還可盡我餘生，又有何妨呢？

惡念已定，一看四顧無人，便將自己所坐的石頭，乘其不疑，用力擊中老人的頭部。

可憐長谷老人頭顱已破，更無爭奪之力，所有現金五百兩，盡被村上奪去。臨走時，村上將老人的屍體埋在亂石堆中，此事神不知鬼不覺，無人知曉。

村上帶金歸家，喜悅形於色，雙手捧錢交給妻子，貞娘得到丈夫的錢，不厭衣服已掛滿房間，竟然一下子又花了三百兩。不到一月，貞娘發覺懷孕了，漸漸大腹便便，珠胎十月，生下一個男孩，面貌寬大，左腮一處生鬚，狀似長谷老人。

村上心中猜疑而不敢說出，乃取名為村上孝夫。孩子彌月內晝夜啼哭，周歲後晚上睡覺時常叫「馬鹿」（日本人罵人之語言），厭惡接近他父親。自此村上疑怪更深，心中不安，而前往道慈教會，早晚祈禱神明，為其解釋冤愆。這時，忽然間岳父又死了，村上漸漸失去越會社地位，厭惡之餘，辭職歸來，將其殘俸金錢五百餘金，在附近開設一家陶器店。

某日，有一道者，自稱道慈會領袖，樣子極為奇怪，持鉢進門，村上恭敬請坐，招待茶果，當時其子孝夫在側，年才三歲，一見道者，亦鞠恭禮拜。村上夫妻一見孝夫之巧，心地喜悅，但孝夫偏對其父口口「馬鹿」，並非父母教導不好。

道者驚訝，就問村上說：「令郎曆歲幾月？生庚日時？」村

上一一照實回答。道人又說：「令郎與汝有夙冤甚重，他日決非順從之兒，不信請觀吾鉢中明鏡。」村上一看，當日之長谷老翁影現鉢中，貞娘莫解其故，頻頻說：「老翁卻非道人之貌，反而像我兒，是什麼人呢？」

村上暗扭其妻，示其不必多問，立刻請求道人排解。道者說：「你們夫妻，再三日後，帶著兒子向東行，然後向南再轉北，遇有人家就借宿下來，便有解救之門。」說畢，起身就往門外走，村上尾隨其後，行走數百步，已不見道者的蹤跡。

村上當夜以其事實告知其妻，貞娘聞之，懺悔當日虛榮心，以至拖累其夫造下此孽，只得隨同丈夫，聽道人之教，收拾商品轉讓他人。第三日，輕束行裝，夫妻相背負其子，望東而行，旋南而北。

時已近黃昏，忽見近山蝸蘆一座，柴扉半掩，村上夫妻及兒子三人，直至其處。只見矮屋中有一老媪，頭髮皤白，詢問其家族，回答說：「丈夫早已死，膝下全無，每天種一些地瓜度生，有時採一些枯木煮湯，藉此蝸居度了五十年。」

村上又問其丈夫的姓名，及死的原因，老媪說：「我的丈夫三年前為商務籌款，一去不回，死因也不明不白，若問姓名，壁上靈位觀看一下就知道了。」村上靠近一看，看見其靈位寫著：「長谷男雄」，於是更相信此事沒有錯，於是將其如何謀財害命，向老媼一一說明：「尊夫之亡，死於我手中，奪金五百。今日我兒子長相與尊夫相同，請你仔細觀看一下，便知冤情。」

老媼一見，果然形容神似，腮鬚無差，相信村上所說的事實。於是村上與妻子，恭敬地向老媼哀求懺悔，願意將他的兒子做為她的孫子，舉其所有家財，悉數給老媼。夫婦倆背山入廟奉佛，只祈懺悔往愆而已。

後來老媼死了，孝夫極盡悲痛，念祖母之已死，悲堂上之無人，看門庭之寂寞，聽秋雨而傷神，早晚靈前焚火祭拜靈堂，且賦歌朝夕，吊其祖母。雖然孝之至誠，死已無知，哭又何益，於是孝夫想念生身父母，踏遍山川，處處查探，及至背山古廟訪查，乃知其父母已屏俗情之念。孝夫至此，前愆已消，亦當盡掬育之勞，以報父母之恩，及所以將祖母遺留財物，禮請父母，仍歸三輪村，買宅奉養。

此段因緣至此可明冤仇相報，各有其端。村上善省其身，蒙道人之指示，長谷氏冤屈其魂，轉孝夫以相報，孝夫天性不忘，還能對高堂盡子職，而貞娘妖豔虛榮，累其夫成慘狀，凡世之為人婦者，務當內助其夫，則婦德可宗矣。

今宵率爾諫虛榮，婦女應當勿效行；
三笠山頭風景秀，二輪橋下水波平。
陰陽莫說何無報，日月須知鑒有明；
世態近今奢侈甚，可憐多少慘中生。

如果女人家相夫教子，知道勤儉致富，
則家道興旺；如果虛榮心強，奢侈浪費，
則家道中衰，自古以來，大都如此。

一把刀筆濟世間

說話要厚道，文字也要厚道，尤其文字可以流傳下去，所以更要以勉勵別人的文字救人濟世，切忌以苛刻銳利的文筆，傷害別人。現舉幾個以文字救人的故事，與讀者諸君分享。

「刀筆」一詞，由來很早。古代的簡策，都用竹木，以刀為筆，刻字於其上；又或說是書寫在簡策上，有失誤的話就用刀削刮，所以叫「刀筆」。《後漢書》雲：「出刀筆，書謁。」而從事文書工作的小吏，就稱為刀筆吏，《史記．蕭相國世家》：「蕭相國何于秦時為刀筆吏」，就是說漢高祖的相國蕭何，曾在秦朝擔任文員。

後來，幫人打官司的人也稱為「刀筆」，含有尖刻的含意；

說話要厚道，文字也要厚道，尤其文字可以流傳下去，所以更要以勉勵別人的文字救人濟世，切忌以苛刻銳利的文筆，傷害別人。

而心術不正之刀筆，則稱為「訟棍」。擔任刀筆的人，不但須具機靈之頭腦，而且對於文字之運用，亦必須有精細之研究；往往於狀詞中，一句一字，有勝敗之分，甚至一點一畫，亦有生死之別的。茲舉數事談談，以博君一笑。

明朝的王相堯，字師舜，號容齊，生來聰明絕頂，音吐若鐘，年輕時便考上博士，聲名鵲起。他博覽群書，尤其對於國家典刑更是用心研究。曾經發生疑有人用斧頭殺人的事，容齊在判決書上，將「用」字，改為「甩」字，他說：「只改一字，便可救人一命」。因為用斧頭是蓄意，甩斧頭是誤殺；僅加半筆，就能轉死為生，此字確是用在慈悲上。

據說，中國清朝桐城的左家稷，是左光鬥的後裔，為有名的訟師。其為人頗有正義，不同一般的訟棍，人人都很尊重他。當時安慶縣的縣長很喜愛養羊，家中傭人都會在羊頸下掛一牌子，寫著：「知府大人之羊。」這些傭人，仗勢欺人，常將羊群趕到郊外，放任羊群吃踐農民禾稻等物，農民莫奈伊何，恨之入骨。

有一天傭人又趕著羊群去吃農家禾稻，不料有一農家養有數頭惡犬，立即將羊咬死了好幾隻，闖出禍事。縣長即派兵捕拿犬主，以其蔑視官府為罪，並將之判以死罪以抵羊命。

養狗的農人很恐懼，向左家稷求救，家稷義不容辭為他寫訴狀，文句是：「羊雖掛牌，狗不識字；君恩足以及禽獸，其功不及百姓者，獨何歟？」後面那句的意思是說：「縣長的恩惠可施給禽獸，而竟然不能施給百姓，有此道理嗎？」

縣長與師爺接到訴狀，看他筆鋒犀利，非同小可，內心有所恐懼，因為自己的行為是違反法律而又違背情理的，若以此訴狀被控告，非獲罪不可啊。於是，縣長只好釋放了養狗的農人。一枝毛筆銳利如刀，能迫使兇殘官吏無法欺壓百姓，真是大快人心。

另外一個故事，發生在清朝康熙與雍正年間，桐城的張瑛及他的兒子張伯陵，先後為宰相，聲勢赫奕，門生滿天下。

一年，老相國的夫人病歿往生，經過府縣的推薦，並且由地理師決定，葬於浮山一座寺廟之後。這座廟本來香火鼎盛，自從相國夫人埋葬後，奇怪的是，不久就山門冷落，佛像蒙塵，殿堂被白蟻蛀蝕，香客越來越少。

有一天，有一名書生來遊玩，見到寺廟香火冷落，便詢問寺裡的僧人是何緣故。僧人將相國夫人葬於寺後的事說了一遍。書生問：「為何你們不告知官府，逼令他們遷葬？」僧人說：「唉，張府兩代宰相，官宦之家，如何動搖？」書生笑了一笑，說：「不難。」

於是，書生便為寺廟寫了一篇狀詞：「廟後有陰基（即葬地），能出天子地；宰相葬其母，不知是何意？」書生寫完，告辭而去。僧人見讀了狀詞，只覺得利如鋼刀，便依著書生的話一狀告上都察院。不久，相府連夜遷去葬地，並與寺廟了結訴訟案，同時問起撰寫狀詞的是何方人氏。僧人說了一個「菩薩顯靈，化身書生，代寫狀詞」的理由搪塞，方了此事。但後來還是有人猜測，這件事應該是左家稷的手筆。

刀筆的趣事極多，因篇幅所限，無法多談，就此擱筆。

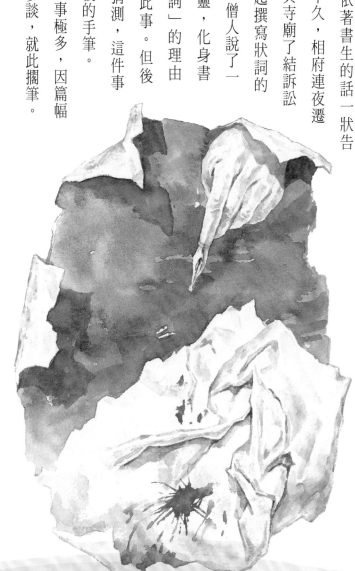

相煎何太急

這個故事發生地點是在台灣的嘉南地區，是從《台灣民間傳奇》第三冊中摘錄下來的，內容具有警惕人不要殺狗，也不可吃狗肉的用意，所以轉述給各位讀者。

狗是犬之幼小者，也就是未生長毛的叫做狗。它是哺乳類食肉類動物，口吻突出，具有門、犬、臼三齒，其中犬齒更是銳利非常，是禦敵的利器。它的聽覺、視覺與嗅覺都很敏銳，胸廓較大，前肢五趾，後肢四趾，都有勾爪。狗的種類繁多，原為肉食類，後因被人所畜養，才變為雜食。

狗也是一種會看守門戶的動物，和人類很接近而親善，而且忠心耿耿，彼此相依為命。但不知從什麼時候起，狗肉成為人們的肉食之一，於是，狗的命運便開始走下坡，尤其每屆隆冬來臨，人們為了滋補身體，香肉（就是狗肉）便要大行其道。

台灣的南部地方，有個男子名叫柯老六，他身無一技之長，平日裡就靠屠狗、賣香肉維生。有一年的臘月，北風呼呼地猛刮，大地瑟縮，一片寒冷，這正是人們以香肉進補的最好時節，當然也是柯老六大賺一筆銀子的機會。

柯老六從事屠狗工作已經許多個年頭了，宰狗的方法和過程，他已熟練得不能再熟練了，幾乎閉起眼睛來也能做得有板有眼，絕無一點紊亂，也絕不會出岔子。

一天傍晚，柯老六正操刀要宰一條大黑狗。這黑狗相當的碩壯，少說也有五十來斤重。那時他心不在焉地想：今天又有一大筆進賬了，沒等我把狗宰好，想進補的人們便會紛紛上門來採購。

他心中想著，一刀便在大黑狗的脖子上狠狠地抹一下，左手按住狗頭，用力地把狗往滾水缸裡捺下去。他打算用傳統的水鼓氣的方法，處理大黑狗的全身狗毛，然後再按固定的手法，一一屠宰……在這之後，當然就可以公開出售賺錢了。

說來奇怪，就在柯老六做發財夢的同時，不知是想得太多，還是注意力沒有集中，忽然間竟感到眼跳耳鳴，心神不定，好像有什麼事情就要發生似的，但怎麼想也想不出個所以然來。

事情來得真是突然，就在柯老六心神稍一疏忽之際，那條喉頭上挨了一刀，奄奄一息的大黑狗，竟不知從哪兒來的神力，大逞餘勇，箭也似地從滾水缸裡，「乒」的一聲躍了起來。

這一突如其來的動作，把柯老六嚇壞了，他電光石火般地往後一退，然後就像倒栽蔥似地倒了下去。那條大黑狗，也跟著往柯老六的身上撲了過來，同時張大滿嘴的尖銳白牙，狠狠地咬住柯老六的右手，兩旁長長的犬齒，深深地陷入老柯的臂肉中，這使得他痛苦萬分，拚命地大叫大嚷起來。柯老六的淒厲哀號聲，在晚風的傳送中，驚動了左鄰右舍。人們有幫忙抓住黑狗雙腿的，也有拿木棍要去撬開狗嘴的，更有人在後邊拚命扯狗的尾巴，但是那條大黑狗的狗牙，像鐵釘銅柱般地咬著柯老六的手臂，像天生鑄就的鐵條，怎麼也撬不開。誰都沒想到，這條臨死的狗，竟有這樣堅強威猛的力量，這實在教人不可思議呀！

雖然眾鄰人來搭救，柯老六仍然未能脫離險境。他一時情急，也大口咬住了大黑狗，竟然連狗的兩隻大耳朵都咬了下來。然而，大黑狗咬住柯老六手臂的大嘴卻絲毫不動，只有鮮紅的血，正汩汩地從犬齒旁不斷地滲出來。

這條大黑狗本來就患了狂犬病，柯老六被它咬住不放，時間一久，毒液漸漸地自手臂的傷口傳入，直攻心臟。那時人們只見柯老六躺在地上，翻過來覆過去的，痛苦得雙目淚流，就連屎尿都要迸出來了，然而周身乏力，無法站起身來。接著，柯老六的臉色開始大變，由紅而青，由青變白，最後兩眼圓睜直瞪，連瞳孔也放大了許多，樣子極為可怕。

終於，柯老六的聲門開始痙攣，呼吸促迫，胸裡極感苦悶，然後「咯落」一聲，咽下了最後的一口氣，就這樣，竟活活地被狗咬死。說也奇怪，他一死，大黑狗便鬆開了牙齒。自然，那條大黑狗也因流血過多而活不了。

自從柯老六被狗一口咬死的事情給傳開，鎮上的人談狗色變，也就不敢再去吃狗肉了。

其實，狗是人類的寵物，它和人類最親近，人們為什麼要逞一時的口腹之欲，竟要殺狗來佐餐才快意呢？

啊！血染千刀流不盡，佐他杯酒話家常，又何必呢？

宋朝大詩人陸放翁說得好：

「血肉淋漓味足珍，一般苦痛怨難伸；
設身處地捫心想，誰肯將刀割自身。」

真的，人和狗「同生今世亦前緣，同盡滄桑一夢間」，那又何苦咄咄地相逼相煎？

大概人世社會中，「狗咬人」不算什麼新聞，反之，人如果一旦去咬狗，那就不能不算是奇聞奇話了。台灣的雲林縣，有兩處地方的土名就叫做「咬狗」的：一在斗六市的湖山里，一在林內鄉的湖本村。不曉得這一地名，到底和柯老六的殺狗故事有沒有一點關連？因為這是民間的傳說，我們只能姑妄聽之。

總之狗咬人也好，人咬狗也好，到底是一件互相殘殺的事，為什麼不人人戒殺放生，人我和平相處，以促進世界大同？

從前有一位願雲禪師，他曾作過一首小詩道：「千百年來碗裡羹，冤深如海恨難平；欲知世上刀兵劫，但聽屠門夜半聲。」另外還有一位署名叫做「蓉湖愚者」的，也有一首勸善的詩篇。詩道：

「萬物傷亡總痛情，雖然蟲蟻亦貪生；
一般性命天生就，吩咐諸人莫看輕。」

說得一點也不錯，「聞其聲而不忍食其肉」，孟夫子早就戒人不可以隨便殺生。試想想，淒厲之聲盈耳，淋漓之血光滿目，人們又怎能吞咽得下面前所謂珍饈美肴呢？

讀者仁者，大家都知道，社會上如果發生一件兇殺案，生活上就有不安全的感覺，所以不相殺害，社會才會呈現祥和之氣，如果要達到世界和平，沒有戰爭，唯有人人不殺生，才能辦到！

總之狗咬人也好，人咬狗也好，到底是一件互相殘殺的事，為什麼不人人戒殺放生，人我和平相處，以促進世界大同？

棄老國

這部經的故事內容，是要我們大家孝順父母，敬老尊賢。

佛陀在舍衛國的時候，有一次這麼說：「恭敬耆宿長老，有大利益。有什麼利益呢？就是可以聽到一些不曾聽的事，以前不瞭解的，現在瞭解了。名聲遠達、有智慧的人都會尊敬。」在座的比丘們說：「如來世尊總是經常讚歎恭敬父母耆德長老。」佛陀說：「不但今日，就是在過去無量劫中，我也一直恭敬父母，敬老尊賢。」諸比丘們說：「佛陀在過去恭敬父母尊長的情形，是怎樣的啊？」

佛陀說了以下的故事：過去久遠以前，有一個國家名叫棄老國。在那個國家，如果年齡老了，就會被趕出家門，拋棄在外，任憑自生自滅。當時有一位大臣，他的父親年齡老了，如果依照國法，就應該將他遺棄了。

但是大臣因有孝順心，所以不忍心這麼做，就挖掘一個地下密室，安置父親，隨時供奉三餐飲食。

由於此不仁道的政策，觸怒了天神，有一天，一位天神到了王宮，捉了兩條蛇，放在國王面前，說：「如果能辨別兩條蛇的雌雄，你的國家就可以得到平安，否則七日之後，你和國家都要滅亡。」國王聽了之後，心中非常懊惱，便和群臣參議這件事。每位大臣都說無法辨別，只好通告國內賢能之士，誰能辨別的，當厚加爵賞。此時，大臣立刻回家，請問他的父親。父親就告訴兒子：這件事容易辨別，只要以細軟的物品丟到蛇背，觀察急躁動亂的，當知是雄的；安住不動的，當知是雌的。大臣依此方法，趕回王宮稟告國王，果然分出雄雌。

天神立刻又問一個問題：「有哪一種人，別人看他是沒有睡覺，但是另外一個人看他，他還是睡著不醒，這是哪一種人呢？」國王與群臣，又不能辨別，只好又通告國內的賢能之士。此時，大臣又回去問父親。父親說：「這種人叫做學人，就是修行證到初果、二果、三果的人，凡夫看他是不迷，但以阿羅漢來看他們，仍有煩惱習氣未斷。」

大臣依此回報國王，問題雖已解答，但天神又變現一頭大白象，並問國王能不能知道大象有幾斤兩。群臣共同商議，沒有人能知道。國王又要通告國內賢能之士，仍然沒有人知道，因為古時候還沒有地磅。大臣又回去問父親，父親說：「把大象放到船上，將船身穩定後，在水位的地方，船身畫個記號，然後牽出大象，再找大石頭安放到船上，重量到達水位與船齊，再稱石頭，加起來後便可知斤兩。」

大臣即以此智慧之言，回報國王。天神又提出一個問題：「有怎樣的一杯水比大海之水還多？誰能知道？」群臣共同商議，又無法理解。國王又準備通告國內賢能之士，仍然無法知道。大臣又回去問父親：「這是什麼樣的水？」父親回答說：「這件事容易解答，如果有人能夠信心清淨，以一杯水供養佛陀或僧寶，或供養生病中的父母，以此功德，數千萬劫，受福無窮。海水雖然很多，但世界末日，地球毀壞就沒水啦！以此推論，一杯水孝敬父母、供養三寶，多過海水百千萬倍的功德。」

大臣就以此回報國王，解決了問題，但天神又變化作一個餓餓的人，只剩皮包著骨頭，指著國王說：「你可以找到一個比我更加饑餓瘦苦的人嗎？」群臣思量良久，都不敢說話。大臣又以此狀況，回去請問父親，父親回答說：「世間有人，慳貪嫉妒，不信三寶，不能供養父母師長，將來之世，墮到鬼道中，百千萬歲，不聞水穀之名，身如大山，腹如大鼓，咽喉卻如細針，頭髮如錐刀，纏身到腳部，舉動的時候，支節冒火，像這種人，比你饑餓痛苦，百千萬倍。」大臣就以此話回報國王，而回答天神。

天神又變化作一種人，手腳杻械，脖子又帶著鎖鏈，身中冒火，整個身體焦爛，然後又問國王說：「世間有比我這個樣子更苦的嗎？」國王及諸大臣，都沒有辦法回答。大臣又回去問他的父親。父親立刻回答：「如果世間有人，不孝父母，逆害師長，誹謗三寶，將來之世，墮於地獄，刀山劍樹，火車爐炭，刀道火道，如此眾苦，無量無邊，不可計數，以此推論譬喻，可知比你困苦百千萬倍。」大臣又以此言，稟報國王而回答天神。

天神又變化作一位非常美麗的女人，端正莊嚴，舉世無雙，可以說是絕世佳人。天神再問國王：「世間還會有比我美麗的人嗎？」國王與大臣們，看得目瞪口呆，無法回答。大臣又回去請問父親，父親回答說：「世間有人敬信三寶，孝順父母，喜好布施、忍辱、精進、持戒，將來得生天上，端正殊特，比你美麗莊嚴百千萬倍，你和他比就像一隻瞎彌猴了！」大臣以此回報國王，以此回答天神。

天神又以一塊香檀木，四四方方，每一面都很平正，拿著給國王和群臣看過，並問：「誰可以告訴我，哪一面是樹根的部分，哪一面是樹梢的部分？」國王與大臣們都無法回答這個問題。

大臣又回去請問父親，父親回答說：「問題簡單，派人將這塊木頭用力投擲到水中，向樹根的部分因為比較結實，會沉下去；向樹梢的會浮在水面。」大臣即以這樣的說法，回答天神。

天神又變現兩匹白馬，形色沒有多大的差別，問國王說：「哪一匹是母親？哪一匹是女兒？」國王和大臣仍然沒有辦法回答。同樣的，大臣又回去請問父親，父親回答說：「派人拿一些牧草，放在兩

恭敬耆宿長老，有大利益。有什麼利益呢？就是可以聽到一些不曾聽的事，以前不瞭解的，現在瞭解了。

匹馬面前，如果是母親，會推草給女兒先吃，後吃的是母親。」

諸如此類，所有的問題，都一一回答完畢。天神非常歡喜，並且說：「你的國中一定有大智慧的人，所以我不消滅你，如果以後仍不以仁政治理國家，愛戴百姓，我仍然會來消滅你，以及你的國家。」說後就消失不見。

此時，國王心中才鬆了一口氣，並且問那位大臣說：「今天國家保住平安，都是靠你的智慧，是你自己的智慧，或是有人教你呢？」大臣說：「不是臣民的智慧，如果能赦免我無罪，我才敢實說。」

國王說：「今天如果你有罪該萬死之罪，也不過問，何況是一些小過失，你儘管放心說出來。」大臣說：「國家政令，不准孝養年老父母，臣有老父，博學多聞，經驗豐富，臣不忍遺棄，冒犯王法，藏在地下室，今天回答問題，都是老父的智慧，臣不敢居功。只是誠心建議，唯願陛下，重新發布政令，准許國中孝養父母，並且敬老尊賢。」

國王大為讚歎，心生歡喜，對大臣說：「今天靠你父親的智慧，得以保全我們的國家，老人的智慧，非常寶貴，你可以好好孝養父親，我也要請他做老師。」

國王並且宣達政令，所有百姓，必須孝養父母，尊敬老人，如果有不孝父母、不敬師長的，要處以重罪。

此後國王施行仁政，感得天神庇佑，從此風調雨順，國泰民安！

心存誠懇
而不虛情假意
心存謙讓
而不貢高我慢
——心定和尚

明察善惡

心有十法界的分別，存好心，惡人也會成為善人；心趨向惡，好人也會變成壞人，善惡之間完全取決一心。

所謂：「善似青松惡似花，看看眼前不如它，有朝一日遭霜打，只見青松不見花。」為善，可能看不到立竿見影之效，但累積福報善緣，終成大善；為惡，可能滿足一時快意，但自傷傷他，自嘗惡果時，只有自己受苦，實在不可小視。

佛陀從不勉強別人去做他不喜歡的事情，佛陀只是告訴眾生，何者是善？何者是惡？善惡還是要自己去選擇，生命還是要自己去掌握。

世間各種顛倒當中，最可怕的就是不分是非善惡，以是為非，以非為是，以善為惡，以惡為善。一切事情有大善大惡、有小善小惡、有不善不惡。有的看起來是善，實際上是惡；有的看起來是惡，實際上是善。

星雲大師強調：世間的一切都離不開因果法則，善惡好壞、吉凶禍福都是其來有自，如能明白因果，知道人生的究竟、本末，便能不怨天尤人，自在生活。反之，不能認清世間實相，不能明白因果道理，不能圓融人我關係，不能了知眾生同體，這也是人生最大的悲哀。

歡喜捨得

讓原本一切為我的心
重獲自由

放下情欲，可以產生福德、給人帶來幸福，並能促使人格昇華。
真正的放下，不但要放下身外之物，
而且要捨棄所有錯誤的知見和煩惱。
《楞嚴經》云：「妄念和煩惱平息的時候，真正的智慧就現前了。」

奇蹟

1

我這一生，是一個狂野的荒唐者，是一個瀆神的無神論者，在世界上，我什麼都不相信，愛情、友誼、法律、道德，乃至宗教和教理。

我認為，天主教、耶穌教，是屬於洋人的，好像與我無緣。

我認為，另有些宗教，是枯燥虛假的教條，對人生毫無意義。

但現在，不知為什麼，我竟自動皈依了佛教，並且身心清

淨，非常的虔誠。

有人說，世界上無論什麼事，在冥冥中都有一個「緣」字，我信仰佛教，也許就是由於這一種緣分吧。

2

我皈依佛教，說起來話長，經過也相當複雜，像一齣多幕劇，也像一本小說。下面，是我的故事：

廿五年前，隆冬天氣，在中國巴蜀一個偏僻的荒村。

當時，我全身都是病，有癌症、有瘧疾，再加上風濕和下痢，金錢用罄，中西藥宣告無效，已經面臨生死的邊緣。

我是一個流落異鄉的孤獨者，沒有家，沒有親人。每天，我躺在一間破爛不堪的小茅屋，荒涼有如一座古墓，只有自己斷斷續續不規則的呻吟聲，打破房中的沉寂。

有一天，屋外下著大雪，北風淒厲，天色陰慘。我癱瘓在竹床上，被子過於單薄，滿身奇寒。基於求生的本能欲望，我呻吟得更加厲害，以致驚動了山麓過路的老頭子。他是一個擺地攤的小販，為人很樸實、很忠厚。當他知道了我的病狀和不幸際遇，抹掉臉上的雪花，爽快說道：「沒有關係，我去替你找救星。」

「不，我的病，已經沒有救了。再說，我也沒有錢。」

「他不會要你的錢，他是一個出家人，叫做醒世和尚。」

「出家的和尚也能醫病？」我搖頭，表示不信任：「你知道嗎？我患的病，是一種絕症！」

「越是絕症、怪病，他越有辦法。我們這地方，不知有多少垂死的病人，都被他救活了。我本來是一個瞎子，十多年來，受盡痛苦，也是醒世和尚治好的。你看，我的眼睛現在不是和你一樣明亮？」

「啊，他真是人間的活佛，他住在什麼地方？有多遠？」

「他住在一間破廟，大約離這裡有八里路。」

聽了老人的話，我心中不禁又失望起來：「外頭一片冰天雪地，北風像刀一樣，他肯來嗎？」

「你放心，出家人都是慈悲為本、菩薩心腸的，我去請他，他一定會來。」

「好吧，那就麻煩你走一趟，老伯伯。」

「不必客氣。你的病勢很嚴重，如果不趁早救治，恐怕有生命危險。至於那位師父，是雲遊四方的行腳僧，如果不早去求他，可能他就走了。」

老人說到這裡，馬上站起來，推開板門，把帽子壓緊，衣領翻上，向著茫茫風雪沖了出去。

已經中午了，我還沒有吃早飯，肚子又餓，頭昏腹脹，實在難熬，呻吟聲益加淒厲，簡直像瘋狗在叫。

小茅屋外，風雪在拚命怒吼、搖撼、衝撞，好像要把整個宇宙毀滅一般！

一刻鐘過去了。

半小時過去了。

一小時又過去了。

時間越長，我越感到絕望。那位和尚，也許不會來了，甚至已經離開破廟，去到另一個地方。那個老頭子，年高老邁、心神恍惚，也許迷失了方向，墮下懸崖山谷去了！

午後兩點鐘，奇蹟終於出現了，和尚與老頭子，居然來了！外面是漫天鵝毛大雪，郊外雪深沒脛，當他們走進茅屋時，已經完全變成兩個白色的雪人。

「我們來遲了。」老人氣喘喘地說。

「不遲，不遲，你們走這麼遠的路，我不知如何來感謝。」我痛苦地說，想掙扎起來，卻渾身無力。

「本來很快就會到的，剛才師父在懸岩上撥開雪層，替你尋覓藥方。」

聽了這句話，我更為感動，眼淚很快淌了下來。我擦乾淚水，望著我面前的恩人，這時，師父已將臉上和身上的積雪拂去，我能清晰地看見他的面容。可是，我不看他則已，抬頭一看，我簡直呆住了！

天啊！這位醒世和尚，竟是搶奪我情人的人！

我很恐懼、很慌亂，怕他殺我。然而，敵人當前，我是一個病人，怎麼能夠逃避呢？

我暗中注意醒世和尚，只見他穿一件灰色敝舊的僧衣，紮著麻繩腰帶，頭上沒有戴帽子，有十二個光滑的戒疤。腳上的舊綴芒鞋，也是破爛的，並且沒有套襪子。寬大的衣裳上，有風霜雪露和泥沙的痕跡，芒鞋沾滿了泥漿，端的是僕僕風塵。

醒世和尚並沒有注意到我，他坐在潮濕的地方，全神貫注地配製著兩三樣簡單的草藥，臉上的表情是和善的，一雙眼睛，流露著異樣的光彩，很有精神。老頭子站在一旁，恭敬地看著他，不時搓搓手，好像要幫忙，又不知如何去做。

和尚似乎不認識我，這讓我感到十分寬慰。然而，他的舉動，卻使我非常玄惑與不安，他配藥方非但不洗手，甚至時而搔搔頭，時而抓抓身上，時而揉揉腳趾，最後，他竟將草藥塞進嘴裡，大嚼特嚼，嘓嘓有聲，嘴角迸出白色泡沫，實在令人噁心。

望著此人，我不禁想起了民間的傳說，那位瘋瘋癲癲的濟公和尚。

草藥嚼爛以後，吐出來，他分成三顆，在骯髒的泥地上滾圓，囑咐我每天吃一粒。言畢，他站起身要走，老頭子問他：「師父，三顆藥丸吃完，你還要來嗎？」

「不來了，這三粒藥，可以消除百病。」說著往屋外的風雪走去。

醒世和尚走後，我又奇怪又懷疑，說實在話，我真不敢吃它。我患的是難治的絕症，十多年來，我吃過中藥，也服過西藥，名醫見過很多，都沒有把我醫好，現在，只憑這三顆藥丸，就可以救我的命嗎？這簡直像是神話。但，老頭子是一個好人，他說，有一位打柴的年輕人，被毒蛇咬，是醒世和尚醫好的；有一個小孩，生下來就是一個啞子，不能說話，是醒世和尚醫好的；有一個老太婆，半生癱瘓，精神錯亂，也是醒世和尚醫好的。我經不住老人一再勸解，才勉強吞下一粒。

吃下藥丸，不知什麼時候，我就安靜地入了夢鄉。

3

醒世和尚走了，但他的身影，一直繫在我的心中。我在床上醒來，一幕一幕的往事，又慢慢浮上心頭。

時間是一九二七年，地點是古老的渝城。

那時，他——江平還沒有出家，是一名教員，文學修養很深，名聞遐邇。江平除了研究文學，還擅長書畫，一般士紳商賈，都以獲得他的書畫為榮。

一點不錯。遺憾的我並不熟諳理財，礙於嚴命無法違抗，只好暫時委曲自己。

我是紈褲子弟，有錢有勢的闊少爺，遽然當上科長，實在感到工作繁忙，不夠自由。好

有人說，世界上無論什麼事，在冥冥中都有一個「緣」字，我信仰佛教，也許就是由於這一種緣分吧。

在，省城地方很繁華、很熱鬧，處處都有燈紅酒綠和聲色之樂，因此我的生活，仍然過得很愉快。每天下了班，便盡情遊樂、尋找刺激。不久，我在一個宴會中，邂逅一位大學的同窗——許露明。露明年輕、漂亮、會交際，是外文系的高材生。我們見了面，很快就墮入了情網，由熱戀而結婚。至於表妹和江平的事，我早就把它抛在腦後了。

以上，就是我和江平結下仇恨的經過，想不到隔了二十多年，他竟出了家，當了和尚。

人生的演變，實在太難測了。

4

那三顆藥丸子，簡直像是靈丹。

三天後，我的病果然痊癒了。人世間，真是充滿了謎、充滿了奇蹟。我全身都是病，有瘧疾、有風濕、有痢疾、有癌症，尤其是癌症，在當時根本沒有藥可治，放射線治療也無效，完全是一種絕症。可是這個和尚，既不量體溫，也不按脈，更不動手術，只用三顆草藥，便百病消除了。那兩三種草藥，也不是傳說中的什麼靈芝草，以我來看，那不過是絲毛草、菖葫子之類，在鄉村，各處都有。然而，它落在和尚的手中，經過一翻揉搓、咀嚼，便成了靈丹，這不是謎、不是奇蹟，你說是什麼？

想不到我的仇人，現在竟變成了我的恩人。

為了感謝醒世和尚救命的恩惠，我決定去拜謁他，當面向他請罪。

屋外的積雪已經溶解了，山麓、原野、田園，又露出了青黃之色。天空的陰霾也完全消散，是一片光明燦爛的陽光，在隆冬天氣，居然有著春天的氣息。

依照老人指示的方向，我去尋找山上那間破廟。鄉間的路，坎坷不平，我穿過林園，涉過小溪，繞過古墓，大約走了一點多鐘，終於找到了那座山。山不很高，但山徑迂迴曲折，林木蔭深，我沿著山徑而上，沒有石級，只有幽綠的苔蘚和一片萋萋荒草。此時，我感覺到自己的健康竟遠勝過從前。走了不一會，便到了山頂。

環顧四周，是一個非常冷僻的地帶，人跡罕至。在山頂上，有數棟荒廢的廟宇，斑剝的匾額上，書著「青雲古寺」四個大字，字跡蒼勁挺秀，顯然是出於名家之手。只可惜附近沒有人家，年久失修，寺宇荒殘，充滿了岑寂和淒冷！

我在廟裡兜了兩圈，始終沒有發現救我的和尚。我再細細地找一找，走到一株參天的大樹下，才把他找到。醒世和尚靠著古樹，盤膝而坐，手持念珠，面目莊嚴，彷彿是在悟道參禪。

我站在旁邊，不敢驚動他。大約經過了一小時，他才掀動了一下眉毛，慢吞吞地說：「你來這裡做什麼？」

他並沒有看我，眼睛是閉著的，居然知道我來了。我趕快說：「師父救了我的命，我特來謝恩。」

聽了我這句話，他瘋狂地笑了，又恢復了那種瘋瘋癲癲的狂態，從地上跳起來說：「對不起，我很忙。今天下午，又有幾個病人，等著我去救治。」

「師父，我陪你去好嗎？」

「那是瘟疫地區，你不能去。」

聽到瘟疫，我不禁驚心膽戰、毛骨悚然！我說：「那麼，你幾時回來？我在這裡等你。」

「我沒有一定住所，你等我做什麼？」

「我想出家，拜在師父門下。」

他又瘋狂地大笑，聲如洪鐘。

「你的塵緣未了，怎麼能出家？」

「不，我的心已經脫離俗世了，我不會再留戀滾滾紅塵。」

接著，我把自己不幸的際遇，從頭至尾告訴他。

我說，白雪蒼狗，人生變幻無常，富貴有如煙雲。

我說，紅塵匝地，濁地熏天，這是一個五濁十惡的世界，我早就厭煩了。

我又說，人間充滿了殘忍、鬥爭、虛詐、欺騙、罪惡深重，根本找不到一片淨土。

這次他沒有笑，注視我很久，終於搖著頭說：「你錯了，世界有兩面，一面是光明美麗的，一面是黑暗醜惡的。現在，你並沒有脫離塵緣，前程還很遠大。如果你真的要出家，以後再說吧，這一生，我們還要見面三次。」

「未來的事，你可以預測嗎？」我非常驚訝。「當然不一定，我是一個瘋和尚，只是信口胡說。」言畢，又哈哈大笑，提著錫杖，轉身就走。

「師父，你去醫病，我送你下山吧！」

他沒有理我，似乎嫌我囉唆，我只好沉默著，跟著他走。

從山頂走到山麓，我發現了兩件意外的事，至今想起來，還覺得有些奇怪。

第一件，在山腰上，有一株橘樹，果實累累，大如蘋果，呈金紅色。醒世和尚走到樹下，伸手摘了一個，連皮而吃。我也想摘一個，但樹高二丈有餘，實在無法攀摘，我不知道他是如何摘到手的。

第二件，在亂石雜草間，忽然爬出一條很大的毒蛇，盤繞吐鬚，猙獰可怕。醒世和尚打著赤腳，魯莽地向毒蛇踩去，那條毒蛇，竟不咬他。

走下山麓，我再也忍不住瘋和尚的玄妙行徑了，於是我試探他：「師父，你認識我是誰嗎？」

「我又不是瞎子，當然認識。你是渝城的紳士，名叫葛應梁。」

我猛然一怔，他竟認識我。良久，我才定下害怕和慌張的心情，問他：「師父，你既然認得我是你的仇人，你為什麼不報復我？」

「和尚只知道救人，不懂什麼是仇人。」他面露微笑，甚是和善。

「過去，我把你害得那麼慘，難道你不恨我？」

「自然恨你，我還想殺你。可是我後來出家了，便寬恕了你，寬恕一切芸芸眾生。」

「師父，您真是偉大、仁慈！」

「我是受到佛陀的啟示。」

這時，我忽然想起了文卿表妹，我問他：「你為什麼要出家，托鉢弘化、雲遊四方？文卿呢？」

醒世和尚聽我這麼問，腳步停住了，微垂著頭，目光淒然而黯淡。他說：「她死了，很可憐！」

「啊！她那麼年輕，就死了？」我不禁也有些淒楚。

「文卿太嬌弱，受不了風霜之苦，離開家鄉還不到三個月，她就一病不起，與世長辭！」

「你為什麼要離開家鄉呢？」我感到很茫然。

「不避開怎麼行？」醒世和尚說：「我的家，被你燒毀了，雖然你當時去了省垣，但你在地方上培植的地痞流氓，還是欺凌我們。」

我又後悔，又慚愧。在這世上，我真是一個心地汙濁、人格卑鄙的小人！

想到文卿表妹之死，我不禁又聯想到醒世和尚被害入獄的往事，我問：「師父，在牢獄中，你不是被判處死刑嗎？如今，你怎麼尚活在人間？」

「殺人放火的匪徒，有時也是有人性、有良知的，在我臨刑的前夕，他們忽然天良發現，坦白承認一切，自動替我洗雪沉冤，救活我的性命。」

我更加慚愧和後悔，自己出生名門，受過高等教育，而所作所為，竟不如一個匪徒。我撲咚一聲，跪在醒世和尚面前，一面痛哭，一面求他寬恕。

5

醒世和尚的態度，這時再不是瘋狂的了，他慈愛地把我從地上扶起來，和藹地問我：「居士為什麼會流落異地，可以告訴我經過嗎？」

「唉！說來話長，彷彿是一場惡夢。」我說：「我的前半生，您是知道的，用不著再提，現在我就從到省城做官開始說吧！」

「我離開家鄉，去到省城，一切都很順利，因為大小事都有父親和舅父幫忙。我生活是奢侈的，我的性情是懶散的，我的行為是放蕩的。初次做官，實在不習慣。開頭幾天，我還常常想到文卿表妹，並且暗暗恨著你。可是事情變化得很快，沒有幾天功夫，我就另外找到了對象，我們迅速地戀愛，迅速地結婚。婚後，我漸漸開始苦惱了，原因是，露明驕橫而自私，虛榮心強，只圖享受。她嫁給我的動機，完全是看上了我家的財產，和社會上的權勢地位。尤其令人憎恨和痛心的，她不守婦道，整天胡亂交際。到後來，我無法再予忍受，只好和她離婚，斷絕一切關係。」

「遇妻不賢、不貞，是很煩惱的事。」醒世和尚同情地說。

「誰說不是，悲慘的命運，就從和露明離婚開始。如今回想起來，實在夠慚愧！也許是遺傳關係，父親不是好父親，我也不是好兒子。在省城，父親的風流韻事、桃色糾紛，層出不窮。我也和父親一樣，不是酒吧，就是舞廳。所花用的錢，又全是公款，父親是財政廳長，可以利用職權儘量貪汙，我是科長，挪用公款，當然也很方便。時間越久，虧空越多，到頭來，我和父親，終於被撤職查辦！」

「就是佛經上說的因果報應。」醒世和尚莊嚴地說：「自己種下的苦果，只有自己去吃。」

「是的，這是因果報應。父親造孽太多，數罪齊發，被法院判處無期徒刑，終身監禁。我呢，做了幾年牢，被釋放回家，哪知家中的田地財產，多已變賣，債台高築，再加上兄弟不睦，骨肉相殘，以致很快破了產，家破人亡！」

「家破人亡，骨肉相殘，是人間最殘酷的事了。」醒世和尚不斷地搖頭歎息。

「再往後，我想用不著說了。」我說：「我沒有了家，投靠無門，便開始各地去流浪。」

「你的一生，說的已經夠詳細了。」

我們一面走，一面談，不知不覺已經穿過林園，涉過小溪，經過古墓，到了另一個村落。這裡，可能是作惡的人太多，瘟疫特別流行，大小村落，都籠罩著愁雲慘霧，一片荒涼。醒世和尚叫我止步，我只好遵命，望著他大步向村中走去，看著他真正是實現佛家的精神：救濟疾苦，悲憫眾生。

6

辭別醒世和尚，我一個人，仍過著流浪生活。

我的塵緣未了，不幸被和尚言中，以後，有許多不平凡的事情，都陸續降臨在我身上。

醒世和尚預測，說我這一生，還要和他見面三次，可能也是靈驗的。因為十多年來，我已經同他兩度相逢。可惜我沒有慧根，相逢兩次我都沒有向他提出出家的要求。

我為什麼要背叛自己的意志和諾言呢？原因很簡單：第一次我和他相遇，是在一九四七年。那時，我在南京剛和意茹結婚，第二任妻子，非常賢淑，生活幸福美滿，我自然不願意出家；第二次和醒世和尚相逢，是在湖南，我是堂堂的財政局長，住洋房、坐汽車，官運亨通，自然也不想出家。

如今來到台灣，轉眼就是十年，年近花甲，歷盡艱苦、受盡饑寒。往日的官職，早丟掉了，意茹留在大陸，生死未卜，回首前程，恍如隔世！

現在，我算是徹底看破紅塵了，每天，我都盼望著救人救世的醒世和尚，再度出現，早日帶我離開藏垢納汙的世界，去到佛國淨土，讓我一意清修，淨化身心。

然而，我來到台灣，一直等了十多年，依然沒有醒世和尚的蹤跡，難道我的塵緣，到現在還沒有了結麼？

慈悲喜捨
不分人我
嫉惡似仇
從善如流
——心定和尚

奇遇

所謂人間佛教，它的用意可以分為兩種。大乘佛教所講的菩薩道，例如六度波羅蜜、四攝法等，是說人與人之間的相處，如何透過互相尊重與包容、融和歡喜，來達到和樂相處，自利利他。能夠在現世人間發揮佛教自利利他的精神，讓每個人都走向圓滿自在、萬德莊嚴，這就是人間佛教的精神。

然而，人間佛教的本意，也是說唯有在人間修行佛法，才有辦法成佛。佛出生在人間，修行成道也在人間。人道與天道、阿修羅道、地獄道、惡鬼道、畜生道的差別，在於人能克制自己。為了修學道德的真善美，人可以克服一切的困難，修梵行，修清淨心，並且克制任何欲望，達到人格的完美。

能夠在現世人間發揮佛教自
利利他的精神，讓每個人都
走向圓滿自在、萬德莊嚴，
這就是人間佛教的精神。

人不同於其他眾生，是因為有慚愧心、有羞恥心，所以有一股強大的力量，要向上追求。人有辨別是非、善惡的能力，有了歷史作借鏡，可以改善不好的習性，好的習性則加以保存，繼續發揚。

人間因為還有苦、樂，所以知道必須要離苦而得樂，努力追求這目標。所以生在人間，有比生於天上更好的條件。「人定勝天」表示人有堅強的毅力，唯有在人間才能夠成佛。在人間修行成就佛道，這是人間佛教最重要的義理。

至於我們怎樣在人間行慈悲、行忍辱、行持戒，這當然都是人間佛教重要的部分。但最重要的就是要好好「珍惜人身」，出生為人，在人間能夠有思考、辨別、克制、堅毅的力量，可說最為難得。對於人間的佛教有了這些理念上的認識，便要好好愛惜人身。

我們行菩薩道，平時就要給人信心、給人歡喜、給人希望、給人方便。在日常生活裡頭，處處都要用一顆無住的心，來觀察三輪體空，也就是布施者、布施的對象、和所布施的東西都不真實，都是空性的。用「三輪體空」的心，也就是勝義菩提心所修的福德，遠遠勝過凡夫所修的福德。

有則給人方便得福報的故事與大家分享：

多年前的一個風雨之夜，有一對衣著簡樸的老夫婦蹣跚地步入了美國費拉迪弗亞城的一家小旅館，對那家旅館年輕帳房說：「我們已走過不少大旅館，但家家都擠滿了客人，你能否設法出租一個房間讓我們過夜？」

「我們這裡也是擠得滿滿的，每一個房間都租出去了，這是因為本城正在舉行全國足球大賽。」年輕的帳房解釋著說：「但現在淩晨一點鐘，天又下著雨，你們年紀這麼大了，我實在不忍讓你們冒雨出去找住處，我的房間很小，你們願在我的房間過夜嗎？」老夫婦聽了，欣然連聲感謝。

第二天，當老夫婦離去時，那位老先生對年輕的帳房說：「以你待人接物的態度，不該屈就這小旅館的帳房職位，而該做美國第一流旅館的經理才合適。或者有一天，我會為你建築一幢那種與你相稱的旅館。」

年輕的帳房笑了笑，心裡對這件事沒有半點期盼，因為一來他不敢相信，這位住旅館連隨身行李都沒有的老先生，有能力辦一所第一流的大旅館；二來他讓房間給他們住，只是出於人類善良仁愛的天性，並不是想要獲得任何回報。

我們對每一個前來乞求幫助的人，
都該熱誠地援之以手。他們或許就
是雙翼隱藏在襤褸衣衫底下的天使
化身，即使他不是天使，你的善行
也會使你的內心獲得欣喜與安心。

兩年之後，他突然接到一封邀他去紐約的信，信裡附著一張到紐約的車票和一張邀請者的地址。他應約到紐約一看，原來邀請他的人就是那天雨夜住在他房間的老先生。

這位面貌打扮極為平凡的老人，領著這位年輕的帳房走到紐約最繁華的地帶，即第五街與第三十四街的轉角，指著一座淡紅色的新建大廈對他說：「那就是我特別為你所建的旅館，誠邀你來當總經理。」

那小旅館的年輕帳房被這突兀的驚喜刺激得癡立良久，呆若木雞。他萬萬想不到那位他曾善待的衣著儉樸的小老頭，竟然就是有名的實業鉅子奧斯特，那旅館就是當時全美首屈一指的奧斯特尼亞大旅社。

我們對每一個前來乞求幫助的人，都該熱誠地援之以手。他們或許就是雙翼隱藏在襤褸衣衫底下的天使化身，即使他不是天使，你的善行也會使你的內心獲得欣喜與安心。

在修行過程中，難免會產生各種覺受，但是千萬別耽著其中，因為那不是修行的重點，重要的是有沒有發心為眾生服務。

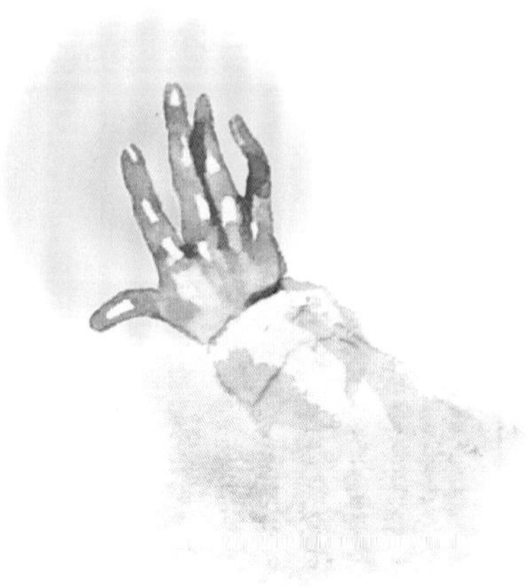

能有此見解，在發心服務中就能夠體會到「我當下就可以利益眾生」的歡喜功德。

修行菩薩道，雖說度眾，卻不作度眾想，所以修一切法，不執一切法，方能真正趣入菩提，圓滿佛道。

寬恕

人與人之間相處，最難的是寬恕。相比之下，要生一個人的氣，或是對一個人懷恨在心，就簡單得多了。

其實，寬恕能助長我們的氣度，寬恕是人我之間相處的潤滑劑，也是胸襟、氣度的試金石。種族之間，世仇爭戰，禍延多代，都是因彼此沒有寬恕的雅量。像印度的琉璃王，對心中的羞辱不能釋懷，而造下屠殺種族的惡業。相反的，戰國的齊桓公能不念一劍之仇，義恕管仲，終能九合諸侯，一匡天下。可見世間上的武力不一定能解決問題，唯有寬恕，才能感召人心，化解怨恨。

有一位波蘭公主，因病需要開刀動手術治療。不料那位醫生竟粗心的使她原來可治的病，轉變為無可救藥的絕症。當這位公主知道了自己不幸的命運時，她並不動怒，反而在遺囑上加了這樣的一段話：「我這不幸的意外變故，必將使這位致我於死的醫生，精神上和事業上，都受到極大的打擊！我將從我的遺產中，每年捐贈二千金幣給他，以補償他的損失，並衷心地盼望人人能像我一樣的寬恕他的錯誤。」

後來，這位醫生發奮圖強，在醫學界有極高的成就，但他把這些成就，全都歸功於那位公主，公主也因而能享永垂不朽之名。如此偉大的寬恕精神，實為社會上的榜樣。

再說一個中國民間有關寬恕的故事：清朝末年，湖南鄉下地方有一對林氏兄弟，靠祖上留上幾畝薄田務農過活。那個時候兵荒馬亂，什麼長毛、幫子會，兵匪不分，日子不好過。林家老大耐不住苦，將自己的田賣了，隨友人做做小本生意。不料因為經營不當，全部賠光了，倒回頭來投靠弟弟。老二並沒有嫌棄兄長，請他在田裡幫忙，得了的口糧，與兄長均分。倒是老大那不安份的性格不改，田的工作照例是三天打魚二天曬網的。老二的性格剛正，看不過眼，兄弟間的語言磨擦就少不了。

每有口舌之爭，老大就嚷著說：「都說長兄為父，就算要你養我不過分，你還管我哩！找四方鄉鄰來評評理！」老二氣得幾次就差點和哥哥大打出手，還是妻子許氏賢慧，死活勸了下來。

這一年，兩兄弟都添了孩子，生活的擔子更加重了。老二湊了錢，買了一條牛，希望能把地犁好，增加收成。不料，買了牛不久，就遇上以起義為名、沿途打家劫舍的匪幫，看上了老二的牛，亮出長明晃晃的長刀，硬是要把牛拖走。幸好許氏謊稱這是大伯的牛，大伯人不在家，牛被拖走了，兩夫婦要如何向兄長交待。婦人家苦苦哀求，終於說動了匪徒空手而去。

這話傳開了，老大高興得不得了，逢人就說：「老二把自家的牛送給我了。」聽到這番話，老二更氣了，於是找來老大談判，再也不找他幫忙耕田，兩人撇清關係，再不往來。老大耍賴說：「呵，做兄弟的嫌哥哥了。行，你說過牛是我的，把牛給我，就算我們兄弟之間清楚了賬！」

老二想：長痛不如短痛，咬了咬牙，把牛送給哥哥，自己再另外設法，兩家人自此行同陌路。倒是許氏常常想到大伯吊兒郎當，大嫂性格懦弱，日子難過，常暗地裡濟助她。

老大把牛賣了，隨著友人到鎮上去賭，竟然被他贏了幾手。也因此越賭越大，最後落得一身債回來。回到家裡面對妻小，想想自己不名一文，債主上門，一家子肯定受盡折磨，又沒有臉

面再去求弟弟，因此萌生了短見。五月十五這天傍晚，老大到城隍廟禱告一番，回家逼著妻子抱孩子一起出門，準備投水而死。

老大的妻子不敢反抗，只能含淚哀求：「今天是十五，讓孩子過多一個十五，明天再走吧。」老大聽了無話，一家三口睡到天剛破曉，老大叫妻子起床：「起來走吧，現在已經是十六了。」

兩夫妻走著，不經意經過老二的家。老二這幾天剛好出外趕集，恰好許氏晨起到戶外汲水，看見大伯和嫂嫂在晨風中急急趕路，臉帶戚容。許氏心地善良，雖是大伯常無理取鬧，她卻沒有婦道人家的氣器窄小，反能寬容看待。如今看到大伯夫婦二人從門前經過，便出聲邀二人進屋裡喝杯早茶。

老大覺得沒有臉見她，便拉著妻子快走。許氏看見二人在清晨中抱著孩子趕路，而且神色不對，心想別是發生了什麼事？得先把他們攔下來再說。於是連忙趕上去，拉住嫂子：「嫂子別忙著走，進來坐一回。」老大見狀，越是用力拉妻子走，三人扭成一團。大嫂看見這是唯一求生的機會，連忙叫道：「嬸子救我！」

許氏聽了這話，知道必有重大的原故，趕緊撲前緊緊抱著老大的腳，說道：「大伯，你兄弟常語言上對你不敬，你是兄長，勿掛在心上。看在死去公公婆婆的面上，有什麼事進來說，千萬別做傻事呀！」老大聽了這番話不禁心中悔恨交加，淚如雨下。許氏說好說歹，把二人勸進屋子。

坐下說話，這才知道老大一家被債務所迫，準備投河自盡！許氏又是震驚又是同情，少不得說了許多勸慰的話，讓他們等老二回來，大家共商對策。只見大嫂又是羞愧又是傷心，緊緊抱著孩子，許氏對她說：「嫂子，勿驚了孩子，給我抱到坑上睡吧。」大嫂一直不肯放手，最後拗不過她，讓她把孩子抱過去。

許氏抱來一看：這不是自己的孩子嗎？趕緊跑到房裡細看，不知道是被誰掉包，老大的孩子正睡在坑上！

原來大嫂捨不得孩子年幼喪命，又不敢違逆丈夫的意思，只得藉故拖延一夜。趁深夜老大睡下，偷偷摸到老二的家裡，將兩個襁褓中的嬰孩掉包，這是為人母者因為疼愛自己的孩子所犯下的過失！

事情揭穿了，老大夫婦更是羞愧得抬不起頭來。老二回來知道了這件事，痛斥兄嫂行止太欠思量，一家子也在淚水和懺悔之中和好。老二最慶幸的是自己娶了一位寬容待人，不計前嫌的好妻子，否則一場家庭悲劇勢難避免。

寬恕是難得的美德，也正是有了這種美德，失足者不至一錯再錯，世間上的許多悲劇也不會發生！

其實，寬恕能助長我們的氣度，
寬恕是人我之間相處的潤滑劑，
也是胸襟、氣度的試金石。

地藏殿傳奇

這一個故事內容說明善有善報，以及地藏菩薩慈悲顯靈的事蹟，更重要的是說明人性光輝的一面，有感恩圖報的、有施恩不望報的，是一百多年前發生在台灣嘉義地藏殿的故事，是一九六二年煮雲法師在該殿大願台講《地藏經》時說的，已編在老法師著作中，僅將原文錄出，以饗讀者：

這次在嘉義地藏殿大願台講《地藏經》，據說此廟已有三〇二年的歷史，當時有人去國內朝安徽九華山時，迎請了一尊地藏菩薩聖像回來，建廟供奉，數百年來香火不斷，靈異感應之事也

很多。其中有一件動人心弦的故事，筆者述記如下：

過去，有一位林登章先生，住在距嘉義鄉間十數里路，為人正派，不幸被奸人誣害，捉進官廳，關入監牢。林太太為了丈夫含冤入獄，家中又清寒貧苦奔波各方，托人救援，把家中所有的現款花得一乾二淨，仍然不能援救丈夫出獄。

後來，她知道官廳一定要四十兩銀子，才可以為丈夫贖罪，林太太在萬分不得已之中，只有咬緊牙根，狠起心腸，將僅有的一個兒子，賣了四十銀子去贖夫，介紹人又取去了三兩介紹費，餘三十七兩，是否能夠贖丈夫也不知道。

林太太每次入獄探夫時，都遭看守們辱罵和留難，目的是要錢。他們說：「靠山吃山，靠水吃水」，是的，打官司，進衙門，有理無錢莫進來，這是古今皆然。林太太每次都得陪笑臉，說好話，還要送送小禮，不然休想進去，「閻王好見，小鬼難纏」，今天來繳銀贖夫，當然不能例外。

那時監獄地點是在大街，也就是現在的吳鳳路，林太太就在附近買了一些檳榔，作為進見牢頭看守們的小禮。哪知就在掏錢買檳榔時，把贖夫的三十七兩銀子掉了，自己還不知道。一直到當官交銀時，發現銀包遺失，伸進去的手半天拿不出來，嚇得面無人色，急得哭不出聲來，賣去了心愛的獨子，指望贖夫回來，現在銀子遺失，丈夫不能出獄，自己也只有死路一條。在她未死之前，仍然不死心，再回去沿途尋找，萬一找不到銀子，只有自盡一途。

嘉義城內布街（現在的光明路），有一個土地公廟，廟中住了一個窮乞兒徐良泗，他不但貧窮無家，而且天生殘廢，一雙腳麻木癱瘓，不能行動，用屁股在地上挨著走路。白天沿街求乞度活，晚上就以土地公廟為家。

那一天，當他在大街求乞之時，遠見一女人在梆攤上買檳榔，匆忙而去，銀包掉在地上。他挨上前去，將銀包拾起，本想追上前去，送還人家，無奈自己不能走路，叫喊也聽不到。他坐在地上將銀包打開一數，有三十七兩銀子。窮乞兒哪裡見過這些白花花的銀子！當時嚇了一跳，他也沒有生出見財起意之心。反而覺得那女人匆忙之色，一定有什麼大事，不能隨便把銀子拿走，萬一找回來了不見銀子，可能自殺的。「我要在這裡等她回來！」

徐乞兒一等再等，等了很久，方見有一女人，滿面焦急之色，跑來東張西望在地上好像找尋什麼東西。他知道失主找來了，急忙挨近去用手拉她的衣角。林太太以為乞兒要向她討錢，沒好氣地大聲道：「我急都急死了，哪裡還有錢給你，快點走開，我要找回失去的東西。」

徐良泗好心遭來白眼，他仍輕聲問道：「你這位太太，掉了什麼東西，這樣焦急？說說看，或者我能知道。」這一聲可把她從死神中叫回來，她驚喜道：「真的啊？」他答道：「當然真的，我撿到一樣東西，你說對了我就給你。」

她焦急地道：「我掉了一個布包，裡面有三十七兩銀子，這是我賣兒子的錢，我的丈夫被人誣害，關進牢中，需要四十兩銀子，方可贖罪。我不得已，賣子贖夫，介紹人取去三兩，我還擔心銀子不夠，哪知卻在這裡掉了。這樣一來，我的丈夫也不能出獄，我的兒子也賣了，人財兩空，我只有自殺一條路了。」說罷痛哭不已。

這時有些好心人都走過來問長問短，徐良泗毫不遲疑地道：「你不要難過，銀子是我拾到的，是你買檳榔時掉的，我因不能跑路，追不上，叫你也不聽，所以在此等你回來。現在銀子在這

一個施恩不望報，一個定要感恩圖報，都值得後人效法和崇敬，難怪嘉義老一輩的人提起此事都有口皆碑、津津樂道。

裡，你拿去點點數。」乞兒將銀錢交出來，一聲不響地走了。

林太太找回失去的銀子，心喜不已，反而將乞兒忘記了，連名字都忘了向人家問，就趕去官廳贖人。

當官的這才知道是賣兒子的錢，窮苦乞丐尚且見財不昧，自己怎能昧起良心來索取人家賣兒子的錢呢？因此天良發現，慨然地將她丈夫放出，不要她的錢，這由於徐乞兒善舉，才感動了當官的。

林登章出獄後，知道兒子賣了，除介紹人取去三兩外，又請客送禮，花去不少，再找乞兒時也不知哪裡去了，後來就在布街頂了一間店面，做五金生意謀生。

再說徐乞兒回到土地公廟住了一夜，第二天是清明節，趕去城外「東廓墳間」公墓地，向人討乞祭祖先的紅龜糕，由於路遠天雨，回家又晚，沿途挨行又慢，趕到城門時，城門早已關閉。

不得已，去城外附近的地藏菩薩廟借宿，懇求廟公慈悲，暫借大殿佛前，住宿一夜。

廟公認得徐乞兒，也就借宿給他。可是他睡到深更半夜，忽然在大殿內，大聲慘號鬼叫，活像有人殺他一樣地苦叫不休。廟公以為他是神經發作，罵他兩次，仍然不聽，被他鬧得一夜沒好睡，氣憤不已。

廟公第二天一早起床，想把徐乞兒趕走，見他正熟睡，把他從夢中叫起來，罵他為什麼夜間不睡鬼叫？徐乞兒驚醒後，一跳竟站起來，自己也不知道，張開腳就跑到廟公前面。

徐良泗突然能行走，把廟公嚇得連連退後數步，驚奇這癱子怎麼一夜之間，能夠自然走起路來？詢問結果，原來徐良泗昨夜睡在地藏菩薩聖像前，夢中見菩薩派了殿前一高一矮兩個小鬼來到他的身旁，一個抱起他的上身，一個捉住他兩條癱腿猛地一拉，痛得他慘叫不已。可是兩個小鬼，不管他如何慘叫，仍然不斷地用力拉直他的殘腿，把他痛得昏迷過去。

後來不知怎的睡著了，現在這雙殘腿居然和正常人一樣，這樣一來他比昨天拾到了銀子還要高興。廟公見此奇蹟出現，當然不能再罵他，而且也為他高興，他自己這時也知道地藏菩薩顯靈，為他治療殘疾，於是跪在地藏菩薩前，感激涕零地倒身下拜，磕了幾個頭。

徐乞兒殘疾痊癒後，很多人都來為他祝賀，他反而因此煩惱起來。殘疾時可以乞食度日，現在殘疾好了，不能再去沿街行乞，一定要自力更生，可是窮乞兒除乞討外，如何去解決衣食住的問題呢？做生意沒有本錢，結果還是從無法中想辦法出來，將

身邊僅有的餘錢買了兩隻水桶，替人挑賣水為活。那時沒有自來水，家庭富裕的，都叫挑水的人每天送水來，徐良泗從乞兒一變而為賣水人。

林登章出獄後，知道遺失銀兩、乞兒拾金不昧的事，亦曾找尋這位救命恩人，可是連名字都不知道，無法尋找。他們當時住在很遠的鄉間，當然不知道乞兒住址，因此對這不知姓名的恩人無法報答，耿耿在心。經過兩三年後，林家的五金店生意，越做越大，想念恩人之心，也是與日俱增。

有一天林家叫徐良泗送賣水來，林登章並未見過徐良泗的面，眼前的恩人並不相識。那時的女眷是大門不出的，有男人來，女人躲著不出門，所以幾年來一直找不到這位乞兒恩人。剛巧徐良泗送水來進廚房，無意間被林太太看見，大為驚訝，這人面貌和我那位恩人一模一樣，是不是就是他？不是！絕對不是！

他是癱子，不能行走的，但是這人為什麼又這樣像他？

林太太自問自答，狐疑不決一連數日，過後便將此事告訴丈夫：「這個賣水的人，面貌和那位恩人一樣的面孔，不知他為什麼不是癱子，卻是挑水的！你明天請他進來，詳細和他談談，看他過去是做什麼的。」

第二天徐良泗仍然送水來，林登章特別請他坐下來吃茶，然後請問他貴姓大名，在未做賣水生意以前做什麼事，家中還有什麼人。徐良泗就毫不隱藏地說實話道：「說來慚愧，我在三年前，不但不能挑水，而且不能走路，多年癱瘓在地上挨行，那時只有沿門乞化。後來某一年清明節，夜宿地藏菩薩廟中，夢見菩薩叫兩個小鬼為我療疾，此疾愈後，就以挑水自力謀生。」

這時林太太從房中走出，手牽她丈夫，雙雙跪在面前，口稱：「恩人，受我們夫婦一拜！」他們沒事先說明，雙雙下跪，嚇得徐良泗雙手連搖著後退不已。經過林家夫婦說明一切以後，才知道是三年前清明節前一天所發生的事，這時也知道就因做了這件好事而感地藏菩薩顯靈治疾，真是又驚又喜。他們坐下來談了一會別後經過，徐良泗就想抽身告退，可是林家夫婦無論如何也不肯讓他走了。

林家夫婦很誠懇地對徐良泗道：「恩公當時救了我們夫婦，你當然不想施恩望報；可是我們蒙受恩惠的人，不能這樣想，你也是一個人無家無室，我們店內也需要人幫忙，你就在我這裡住下，和自己家人一樣吧！」

從此，徐良泗也不再賣水，住在林家五金店內，協助他們做生意。不數年之間，林家不但生意興隆，而且置了不少田地，也曾數次想為徐良泗娶親成家，可是皆為他拒絕不允。林先生知道他是個直爽的人，說一不一，只聽其自然。

再過數年，林登章接到廣東的叔叔來信，要他回廣東老家繼承祖業，自己生病，無法侍養善後。他夫婦決定趕回廣東省親承繼祖業，這裡的財產由徐良泗全權管理，也不敢明言贈送給他，只說請他代為管理，要他相信自己不久就會回來的，不然徐良泗又不肯接管。

徐良泗一直盼望林氏夫婦回來，可是他們一直也沒有回來。經過數年後，來了一封信，表明心意，他們要繼承祖業，再也不回來了。所有財產全部奉送，同時勸他早日娶親成家。

可是徐良泗並未娶親成家，而且終身不娶，他還是仍以代管人自居，為林登章管理財務。後來徐良泗遺囑將布街的房屋全部施捨給土地公廟，感謝在窮苦時多年依住的恩惠。在他有生之年，每逢初一、十五皆去城外地藏廟禮敬地藏菩薩，感謝菩薩治疾之恩。據說他死後還有六十甲地為當地政府所接收。

徐林兩氏，一個施恩不望報，一個定要感恩圖報，都值得後人效法和崇敬，難怪嘉義老一輩的人提起此事都有口皆碑、津津樂道。耳聞嘉義省議員何茂取等，春秋二季均至徐林二氏靈位前拜祭一番，景仰其為人。

筆者曾為此事，和陳資慶居士，親往光明路一家私人醫院內，見到徐林二氏的牌位，還有當時那一尊土地公像，徐乞兒所依住的土地廟地點。左右鄰人知道筆者特來尋問此事，都樂意主動告訴我徐林二氏的過去。

這故事除說明地藏菩薩的靈異之外，而且闡揚了人性的善良，對社會人心皆有裨益，故樂而為之記。

慈心悲願
無悔無怨
飲水思源
感恩惜緣
——心定和尚

依裏沙長者本生因緣

任何一個人的個性，幾乎都跟過去世有銜接遺傳的關係。譬如說，有人生下來以後，就比較有喜捨心，有些人的性格是只想佔便宜而不肯吃虧。也有的人極慳吝不捨的，但如果遇到善知識，給予方便善巧的指點，也都能改慳吝為喜捨心的。現在就為大家說佛陀在祇園精舍時，一個貪欲豪商的故事。

距王舍城不遠，有一個市鎮名叫「糖鎮」，那裡住著一位長者，綽號「貪欲豪商」。他有八億財產，不過卻是連草尖上的一滴油也不肯施與人的，自己也不使用，也不想把自己所積的財產用於孩子、沙門、婆羅門身上，恰如羅剎鬼所管理的蓮池一樣，置之不用。

一日，佛陀在黎明時觀察全世界能成就菩提的眾生，看見住在距離四十由旬之處的貪欲長者與其妻子，已到證得預流果的時機。那長者在前一日，為了供國王使役而進宮，在歸途中看見一名饑餓的鄉人在

吃餡子發酸的饅頭，自己也覺得餓了。他一邊走回家去，一邊這樣想：「假使我說要吃饅頭，許多人也想與我同吃吧？這樣我便得非花費許多米、酥和糖不可，所以這話對誰都講不得。」

他忍住饑餓走著，在行走中漸漸憔悴起來，身上的血管都顯露出來。一回到家，他因耐不住饑餓，便跑入臥室，躺到床上睡下。雖然餓到如此地步，他還是怕花錢財，不對任何人說。

這時他的妻子進來了，撫著他的背問道：「您的身體不舒服嗎？」長者道：「沒有什麼不舒服的。」妻子道：「莫非國王動怒了？」長者道：「國王一點也不動怒。」妻子道：「莫非孩子們或者女婢、男僕有事不稱你的心嗎？」長者道：「沒有這樣的事。」妻子道：「那你有什麼切望的事物嗎？」

妻子雖這樣問他，他卻因為怕花錢而只是躺著不答。於是妻子又道：「你有什麼願望，請說吧！」他吞吞吐吐地道：「實在說，我有一個願望。」妻子道：「你希望什麼？」長者道：「我想吃饅頭。」妻子道：「那你為什麼不說呢？難道你是貧窮之人嗎？現在我就去做足夠供全鎮人吃的饅頭就是了。」

長者道：「為什麼做這樣的事呢？讓鎮上的人自食其力吧。」妻子道：「那麼做足夠供本街鄰里吃的饅頭吧。」長者道：「你真有錢。」妻子道：「那麼做足夠供全家吃的饅頭吧。」長者道：「你的度量真大。」妻子道：「那麼做足夠供家中孩子們吃的饅頭吧。」長者道：「為什麼這樣顧到孩子們呢？」妻子道：「那麼做足夠供你我二人吃飽的饅頭怎樣？」長者道：「你也想吃嗎？」妻子道：「那麼做只供你一個人吃的吧。」

長者道：「好吧。不過，倘使在這裡做，許多人會張著眼睛看見的。你不要用精米，拿了碎米與鍋子，再帶一點極少的乳酥、蜜與糖到七層樓閣上的高台去做，我到那裡獨自坐著吃吧。」

妻子答應說：「是。」於是就叫人拿了該用的東西，登到高閣，叫婢女來請主人上去。長者先把房門關上，又將所有門戶上了鎖，登到第七層的高台，複將入口堵塞好，然後坐下。於是妻子就架起鍋子，燃著了火，做起饅頭來。

卻說，佛在黎明時分對大目犍連尊者說：「目犍連！在距王舍城不遠的糖鎮，有一個貪欲的長者，他想吃饅頭，因怕被人看見，在第七層的高閣上叫妻子做著饅頭。你可到那裡去，引導那長者離了我欲，叫他們夫婦拿了饅頭與乳酥、蜜糖，用你的威神力把他們帶到祇園精舍來，今日我與五百比丘一同用饅頭當飯吧。」尊者道：「是！世尊。」

目犍連尊者奉佛之命，立即用神通力，前往該鎮，在正對高

任何一個人的個性，幾乎都跟過去世有銜接遺傳的關係。如果遇到善知識，給予方便善巧的指點，也都能改慳吝為喜捨心的。

閣的視窗的空中，整衣而立，如一尊寶像。長者見了尊者，就心驚肉跳起來了：「我就是怕這種傢伙，所以才到這裡來的，而這傢伙卻來站在窗口！」

長者忘了一切，就如投入火中的鹽和糖一般，沸然大怒道：「沙門啊！你站立在空中想得到什麼呢？雖然在無路的空中徘徊著表示你有道行，但你是什麼也得不到的！尊者於是就在那裡徘徊。長者道：「你雖然在徘徊，但能得到什麼呢？即使趺坐在空中，也是什麼都得不到的！」尊者果然趺坐在空中。長者道：「你雖然坐著，但能得到什麼呢？即使過來站在窗檻上，也是什麼都得不到的。」尊者果然站在窗檻上。長者道：「站在窗檻上，能得到什麼呢？即使放出煙來，也是什麼都得不到的。」尊者果然從身上放出煙來，樓閣上到處都是煙了。

長者的兩眼好像被人用針刺了一下，因為他怕房子燒起來，所以不敢說「即使迸出火焰來，也是什麼都得不到」的話。他心裡想：「這沙門真是固執，不得到一點東西是不會走的，給他一個饅頭吧。」

於是他對妻子說道：「喂，燒一個小饅頭給那沙門，把他趕出去吧。」

妻子將少許的熟粉投入鍋中，但立刻成了大饅頭，膨脹到占滿了整個鍋子。長者見了心想：「大概她把熟粉放得太多了。」因而親自在湯匙的尖端盛了些許的熟粉投入，可是饅頭脹得比之前更大。這樣每燒一次都是愈來愈大，他無可奈何，對妻子說道：「喂，給他一個饅頭吧。」她從籃中拿一個饅頭，不料所有的饅頭都黏成一團了。

她向長者道：「你看饅頭黏成一團，分不開了。」

長者道：「讓我來分分看吧。」可是任他用盡力氣也不能把饅頭分開，兩人各握住了一邊拉，也拉不開。長者為了饅頭使盡氣力，弄得汗流浹背，饑餓也忘了。他對妻子道：「喂，我不要吃饅頭了，你把這籃的饅頭全給了這比丘吧。」

她提著籃走近了尊者，尊者對他們說法，把三寶的功德說給他們聽，告以：「有所謂施與，有所謂供養」，就像天上的明月一樣，明朗地宣示供養與施與的功德結果。

長者聽後起了信仰心，便道：「尊師，請進來，坐在這裡吃饅頭。」尊者道：「長者啊，正等正覺者（佛）想吃饅頭，與五百比丘都在精舍，假使你願意的話，請叫夫人拿了饅頭與牛乳，一同到佛的地方去吧。」

長者道：「尊師，佛此刻在什麼地方？」尊者道：「長者啊，在離此約四十由旬的祇園精舍。」長者道：「尊師啊，要走

這麼多的路，得花上許多的時間。」尊者道：「長者啊，如果你願意去，我會用神通力帶你去——好像這樓梯的頂上是你的居處，樓梯的下端就是祇園精舍的大門一般，只花走一次樓梯的工夫，帶你到祇園精舍吧。」長者答應道：「尊師，那麼我隨你去吧。」

尊者把樓梯的頂端仍作為頂端，口中念道：「給我把這樓梯的下端作為祇園精舍的大門啊！」這樣一念，其事就立即實現了，於是尊者帶著長者與他的妻子到了祇園精舍，所花的時間不到走一次樓梯的工夫。

夫婦二人來到了佛陀居住的地方，報告進餐的時刻已到，佛陀走入食堂，帶著比丘眾坐在特設的高座上。長者向以佛為首的教團獻奉供養之水，夫人則將饅頭放入如來的鉢中。佛陀取了足以資養色身的水與饅頭，五百比丘也照樣地取了。

佛陀與五百比丘吃完以後，又叫長者夫妻吃了一個飽，但饅頭還沒有完，便普遍分給精舍中的全體比丘，仍然沒有完。於是長者告訴佛陀：「世尊，饅頭一點也沒有減少哩。」佛陀道：「那麼把它倒棄在祇園精舍大門那裡吧！」他們便把饅頭丟在門屋相近的洞窟裡，這些「鍋燒饅頭」至今猶存。大長者與其妻回去見佛陀，站在一旁。佛陀表示了謝意以後，二人就都證得預流果，向佛致敬。他們回去時，一踏上門房的階梯，說也奇怪，就站在自己的樓閣上了，從此長者把八億財產完全用在推廣佛陀的教說上。

第二日，佛陀往舍衛城托鉢，回到祇園精舍後，對比丘眾予與訓誡，然後進入香室入定。薄暮時，比丘眾會集法堂，坐著談論尊者的威德道：「法友啊！你們看到大目犍連尊者的威神力嗎？他不是立刻使貪欲長者成為無欲之人，使他拿了饅頭到祇園精舍來供佛，證得預流果嗎？尊者真有大威神力啊！」

這時佛陀走來問道：「比丘們啊，此刻你們會集於此談論何事？」比丘眾便如實回答。佛陀道：「比丘們啊，比丘若欲教導在家人，不可損害他們的家庭或使之苦惱，應該如採花粉的蜜蜂那樣，與他們的家庭接近，使他們曉得佛的威德。」接著就稱讚尊者，唱出《法句經》中的偈語（第四九偈）來：「蜜蜂不損花之色香，將花粉採之而去；牟尼遊行聚落間，情形亦複如此。」

以上是說明佛陀在教化眾生時，都要考慮眾生能不能接受，用能接受的方法度他，叫做「權巧」或「善巧」或「方便」，這是要有很高的智慧才能辦到。

佛陀為了讓比丘們知道前世與今生的因緣，又說明「貪欲豪商」的前生，一方面讓大家知道前世與今生的關係，另一方面，讓大家更明白，唯有布施行善，才能得大富貴，才能生天！

佛陀說：從前波羅奈有一個叫做依裏沙的長者，他擁有八億財產，凡人所有的缺陷，他無不具備，跛足、駝背、獨眼、慳吝、有邪見、貪婪。對人固然一毛不拔，自己也不肯花用，他的家屋，好像羅剎鬼所管領的蓮池。雖然，他的祖先七代都是慈善家，但從他做了主人以後，即背棄家法，將慈善堂燒掉，窮苦的乞丐來求乞就拳足交加，然後把他們拖出去。他只是牢牢地保守著財產。

有一日他在國王處服役完畢返家，途中，有一個行路疲乏的鄉下人，拿了酒瓶坐在椅上，將酸酒滿倒杯中，取腐敗的魚為菜餚用餐。他見了也想飲酒了，但他想到：「如果我飲酒的話，許多人也會想飲，這樣我財產就要減少了。」他便把欲望壓抑著，在搖搖擺擺行走間，終於抑制不住了，肢體疲乏無力得有如棉花一般，全身現出血管來了，一回到家就倒下臥榻而睡。

他的妻子走過去，撫著他的背問他，明白了他想喝酒，也瞭解丈夫的心意，於是便說：「那麼只造供你一個人喝的酒吧。」長者想道：「若在家造酒，許多人會都想喝吧，即使叫酒店送來，也不能坐在這裡喝的。」於是叫酒店送來一瓶酒，交家僕拿著，出城到河岸來。走進離大路不遠的叢林中，叫家僕放下酒瓶離得遠遠地，然後斟滿杯子飲起酒來。

他的父親，是曾行布施、慈善的人，今在天上為帝釋天。那時，帝釋天心想：「自己的慈善事業有沒有被施行？」結果他往凡世一看：兒子破壞了家規，焚毀慈善堂，驅逐窮人，固執貪欲心，怕施物予人，自己在暗處偷偷飲酒。他心想：「要說服兒子，使他明白業與報的關係而行施捨，獲得轉生天界的資格。」

於是，帝釋天下降人間現作跛足、駝背、獨眼的人相，與依裏沙長者一般無二，然後進了王舍城，站在宮殿門口，求見國王。宮門的通報者請他進去，他就入宮向國王作禮。國王問道：「大長者啊，在這朝見之外的時間到此，為了何事？」帝釋天道：「大王啊，不為別的，我有八億財產，請大王叫人去取來，收藏在你的寶庫中。」國王道：「不，我已經夠了，我的財產比你的財產還多。」帝釋天又道：「假使您沒有用處，就取來施給什麼人吧！」國王道：「請長者自行施捨吧。」長者道：「是，大王。」說著就向國王作禮而出，到依裏沙長者的家裡去。侍從的人們圍繞著他，但沒有人能認出這非依裏沙本人。

他走進家中，吩咐看門的管家：「如果有與我狀貌相像的人來，說：『這是我的家』，而想進來者，就把他拖出去。」說完，登上高閣，坐在華美的席上，喚長者的妻子過來，微笑著問她：「喂，我們來行施捨如何？」聽了他的話，長者的夫人、孩子與家僕互相私語道：「他好久沒有生起施捨的念頭了，大概今

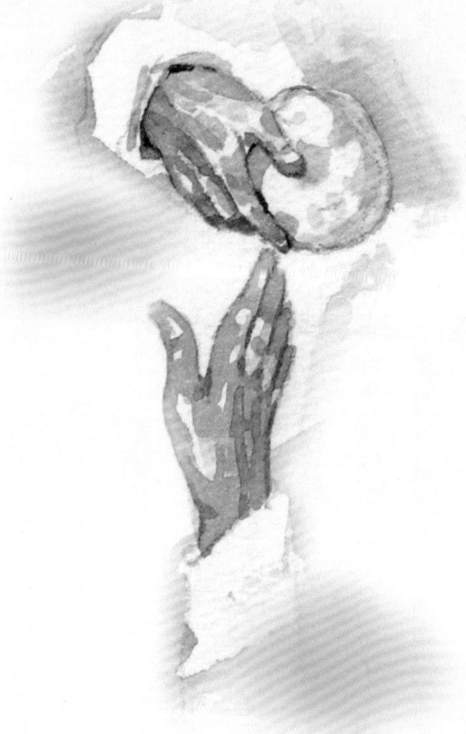

日多喝了些酒，所以心地柔和，便想施捨了吧。」

於是夫人道：「請您任意施捨就是了。」長者囑咐道：「那麼，把鼓手叫來，讓他擊鼓通知全市：『有人要金銀、寶石、珍珠的，請到依裏沙長者家裡。』」於是，夫人照他的意思去做了。許許多多的人聽到鼓聲，便拿了籃子與袋子，聚集到長者的家門口來。帝釋天叫人開了貯滿七寶的寶庫，對大眾宣布：「這些全部奉送給各位，請大家隨意拿去吧。」全市的人一擁而上，把財寶取出，山一般地堆積在地上，然後裝滿容器而去。

有一個鄉人，把依裏沙長者的牛繫在車上，滿載了七寶出城向大路前進，走過叢林附近，一面拽車而行，一面讚揚著長者的功德道：「我主依裏沙長者啊！仰仗你的恩惠，如今我即使畢生不經營生計，也可以過日子了。我的財產就是你的車、你的牛、你家中的七寶，既非我母親所給予，也不是我父親傳下給我的。

仰仗你的恩惠，我得到了如許財產，主啊！」

依裏沙長者在林中飲酒，聽了這話大驚失色，心裡想道：「這個人，怎麼會叫著我的名字，說如此這般的話？難道是國王把我的財產施予人？」他急忙從林中出來，認得是自己的牛與車，便抓住牛繩，罵道：「你這傢伙，這牛是我的，車子也是我的！」

那鄉下人走下車來道：「惡棍，依裏沙長者對全市作了布施。你是什麼人？」說著就衝上前去，雷打似地在他身上痛打一頓，然後拽著車子走了。長者顫抖著爬起身來，拂去灰塵，急速跑上去追攔。鄉下人跳下車來抓住他的頭髮，把他制住，對他的腦袋猛打，又捉住他的咽喉，把他朝來的方向擲去，然後揚長而去。

被打了一頓過後，長者的酒醒了。他慌忙跑到自己的家門口，向那些拿取他財產的人們道：「喂，這究竟是什麼一回事呀？國王叫你們來掠奪我的財產嗎？」說著就不顧一切，上前去捉人，人們集起來打他，還把他丟在地上。

他痛得瘋狂了，想走進家中去時，守門者道：「你這不良的鄉下人，往哪裡去？」說著就用竹棒毆擊他，捉住他的頸項把他拖出去。長者在悲痛中心想：「除了國王，我已沒有可以依恃的人了。」

於是，他來到王宮，問道：「大王，是您叫人搶劫我家嗎？」國王回答道：「長者，我並沒有下令搶劫，你不是前來說：『假使大王不取的話，我將施捨我的財產』，然後命人在市中擊鼓以行施捨嗎？」長者道：「不，大王，我不曾到王宮來過，您不知道我生來就是愛財如命的嗎？就算是葉子尖端的油滴，我也不曾施與誰的，請大王召喚那行施捨的人來查問一下。」

國王差人去請帝釋天來，但是他與大臣們都分辨不出二人有何不同。那吝嗇的長者道：「大王，覺得如何？他是依裏沙，還是我是依裏沙？」國王道：「我們不曉得，有曉得的人嗎？」吝嗇長者道：「大王，我的妻子會曉得的。」

說著，國王就命人召喚妻子過來，大家問她：「哪一個是你的丈夫呢？」她道：「是這一個。」就去站在帝釋天身邊。喚了孩子與僕人們來詢問，也都認定是帝釋天。吝嗇長者思忖道：「我頭上有一個瘤，被頭髮掩住，理髮師應該知道，去喚他來吧。」於是他向國王說道：「大王，理髮師知道我甚深，請差人去叫他來吧。」

國王差人喚了理髮師來，問道：「能認出誰是依裏沙長者嗎？」理髮師道：「大王，看了頭就可明白。」國王道：「那麼你看一看兩人的頭吧。」在這一瞬間，帝釋天在自己頭上造了瘤，理髮師檢查二人的頭，見都有瘤，便道：「大王啊，兩人頭上都有瘤，我分辨不出這兩人中，誰是依裹沙長者。」接著就唱出偈語來：「兩人都跛腳，都傴僂，都是獨眼；頭上都有瘤，我不知誰是依裹沙。」

長者聽了理髮師的話，就戰慄起來，因擔心財產被人取光，當場就昏暈過去，撲倒在地。這時，帝釋天道：「大王啊，我非依裹沙，我是帝釋天。」說著就示大慈愛心，立在空中。眾人用冷水把依裹沙澆醒，大眾向諸天之王的帝釋天作著敬禮站著。

帝釋天向依裹沙說道：「依裹沙啊，這財產是我所有，不是你的，我是你的父親，你是我的兒子，我積了施捨等善行，故得生為帝釋天，但你破壞了我的家規，成為吝嗇之人，貪婪無厭，燒毀慈善堂，驅逐乞丐，一味守著財產，自己既不用，也不施予他人，恰如羅剎鬼管領了東西，置之不用。你如果能將我的慈善堂重建，施行慈善就好，否則我就要使你的財產化為烏有，而且要用這金剛杵割斷你的頭，使你喪命。」

依裏沙長者因為怕死，發起抖來，立誓道：「我從今以後當力行慈善。」帝釋天聽他如此發誓，便坐在虛空中說法，使他堅守五戒，然後回到天宮。依裏沙亦因行了施捨等慈善事業，後來得生於天界。

佛陀最後將貪欲豪商的前生——依裏沙的事蹟串聯起來，作了總結：佛道：「比丘們啊，目犍連調御貪欲長者，並不始於今日，前生也曾調御過。那時的依裏沙就是那個貪欲長者，帝釋天是目犍連，國王是阿難，理髮師就是我。」

弟子們聽了滿心歡喜，對佛陀的教法信受奉行。

放下情欲，身心自在

唯有「痛念無常，放下情欲」，才能真正解脫自在！

《初曜經》的第一卷記載：從前佛在舍衛國的祇樹給孤獨園時，有一位比丘時常到城外曠野的墓園，每次都必須走過人家的田地，才能到達那墳場。地主看見這種情形，便很生氣地對那位比丘說：「你是一個出家人，不好好修身養性，天天在這土地上走來走去，到底是在幹什麼？你瞧！你已經在我的田地上走出一條小路了！」

那位比丘回答說：「我遇到爭吵和訴訟，常在打官司，為了追尋證人，所以才會走過這塊土地！如果你不相信，你可以跟著我去看個究竟，不就明白了？」

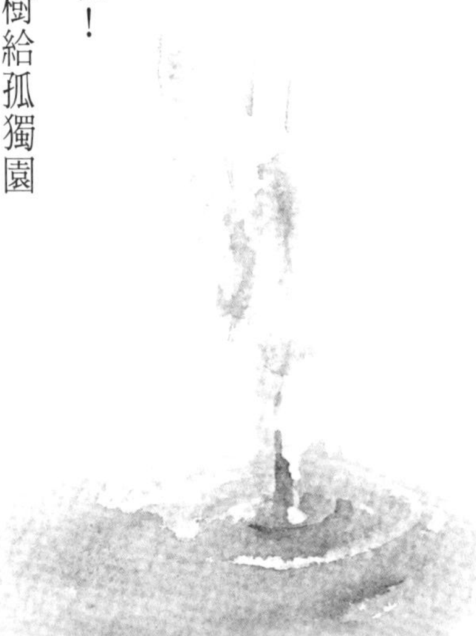

於是那地主就隨著比丘來到墳場，看到墳場到處布滿了屍體和殘骸，有的腫脹，有的發臭，有的腐爛了，許多鳥獸都爭搶吃屍體，骨肉四散，到處都有。有的已經被鳥獸啃啄乾淨了，有的還沒有吃完。比丘就舉手告訴那位地主說：「這些鳥獸就是我的證人！」

那位地主問說：「這些鳥獸為什麼是你的證人呢？你到底在跟誰爭訟和打官司呢？」

比丘回答說：「妄念和情欲會惹來許多疾病、煩惱和束縛，心猿意馬總是愛追逐虛幻不實的色、聲、香、味以及觸感柔軟細滑的事物，引誘我們墮落和受苦。我出家修道就是要斷除妄念和情欲的心賊，因為我現在仍是一個還沒有解脫煩惱的凡夫，所以我打坐時，還會雜念紛飛，不斷跟妄念和情欲搏鬥，而且常有力不從心的感覺。

「每當我覺得妄念和情欲這心賊難以調伏的時候，我就走到墳場，警告心賊不要再囂張，而且拆穿心賊的把戲。看到這些腐爛不淨的屍體，我便容易戰勝心賊，而將情欲克服！」

那位地主因為根器不錯，聽到比丘的這番話，敬佩得心服口服，當下證得了初聖果。所以只要放下情欲，在家學佛，也可以證果的！

唯有痛念無常，才能放下情欲！《求離牢獄經》記載：阿育王的弟弟名叫做善容，一段類似的故事。

有一次當善容入山狩獵的時候，他遇到了一群光著身子在修苦行的外道，修行了很久都沒有成就。於是阿育王的弟弟就問他們說：「你們修得這麼辛苦，到底什麼因素使你們不能得道呢？」那些外道回答：「我們靜坐時，時常會看見野鹿在交合，看了這種情景，心中就會動起情欲，而無法自我克制！」

阿育王的弟弟善容聽到這句話，心中就起了一個偏見。他想：「這些道人每天都很少吃東西，他們刻苦地餐風飲露，服食天地的精華，身體那麼瘦弱，仍然還有淫欲。那些出家的僧侶每天都吃那麼好的食物，穿好的衣服，坐好的床座，又時常有人供養香花給他們，怎麼可能會沒有欲望呢？」

阿育王聽到弟弟持著這種論調，心中非常憂愁。他想：「我只有一位弟弟，他現在突然產生這種邪見，恐怕會因為輕視出家人而導致人格的墮落。我應當想法子來改變他的偏見。」

於是阿育王就設了一個計謀，命令幾個最美麗的宮女，化妝打扮得如花似玉，去勾引善容。並且預先告訴大臣說：「我有一個妙計，如果我下令要斬皇弟善容，你們就上諫求情，等待七天以後才殺他！」

宮女們依照阿育王的計策行事。當宮女去找善容娛樂，隔了半個時辰左右，阿育王也親自出發了。善容和宮女們正在娛樂的證據，被阿育王逮個正著。阿育王告訴他弟弟說：「你怎麼這樣大膽，竟然敢公然跟我心愛的妃子和宮女娛樂，這成何體統？」

阿育王假裝很生氣地摔擲物品，並且立刻召集朝中大臣和文武百官，告訴他們說：「眾卿知道嗎？我現在尚未年邁，也沒有賊寇和強敵來侵略我國。我曾聽說，如果一個人有福德，四海就會歸服。如果他福德減薄以後，臣子就會叛亂。我目前雖然尚未察覺到叛亂的跡象，可是我的弟弟居然敢誘惑我的妃子和宮女，而且還任情取樂。事情既然嚴重到這種地步，他眼中還有我這當國王的哥哥嗎？你們馬上把他推到街上去斬首示眾！」

朝中的大臣求情說：「請皇上聽微臣一個小小的建議，陛下只有這麼一位弟弟，目前又沒有皇子可以繼承王位，照理來說，他本來是應該繼承王位的。不如請您暫緩七天才行刑，讓他扮演

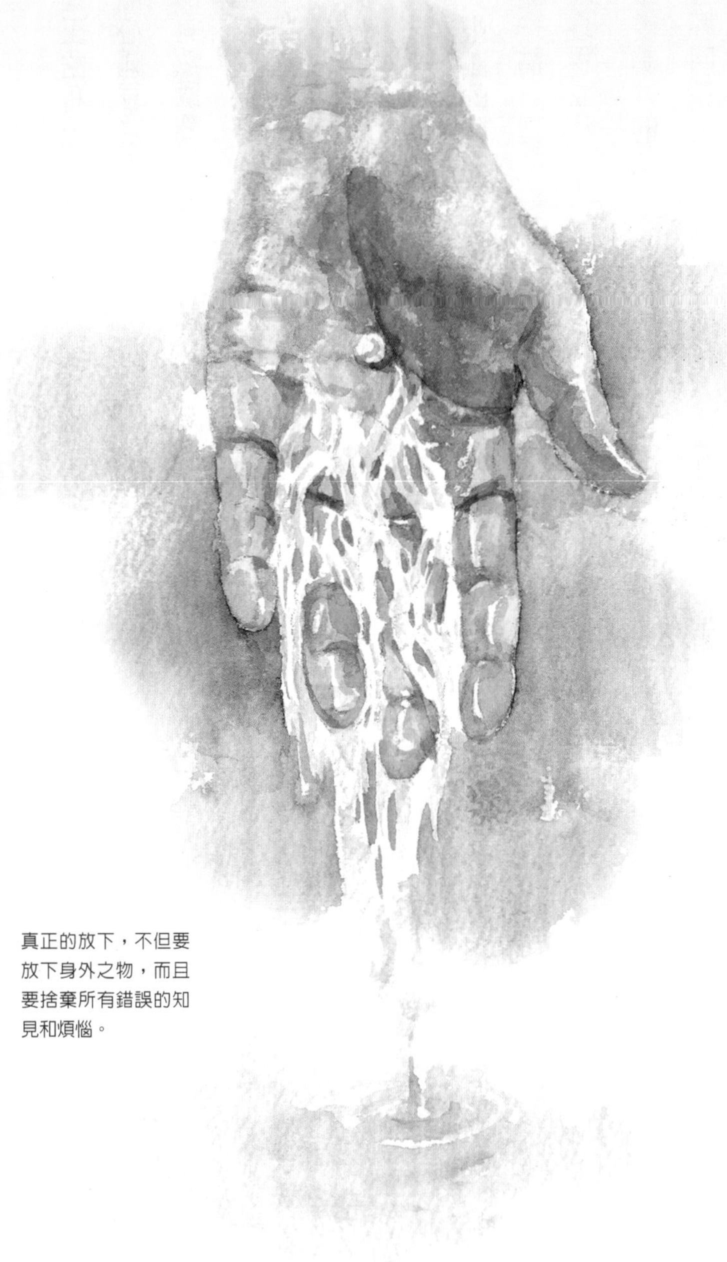

真正的放下，不但要
放下身外之物，而且
要捨棄所有錯誤的知
見和煩惱。

一下國王的角色，享受七天的皇宮生活，然後再將他處死，他也比較能心滿意足！」

阿育王默然答應了。他命令善容穿上龍袍和皇冠，在宮中聽歌作樂，又命令一位武士，每天全副武裝，拿著利劍，去警告善容說：「你的壽命頂多只剩七天而已，你不如好好享受一下五欲的快樂，以免七天後被處死刑，空留餘恨！」

如此一直到了第六天，那位武士又去警告善容說：「已經過了六天啦！你的生命只剩下一天而已，明天你的死期就到了，還是想開一點，把握最後一次機會，享受五欲的快樂吧！」

到了第七天，阿育王派人來問他弟弟說：「這七天當中，你自由享受美妙的王宮生活，你到底快樂不快樂呢？」

善容回答：「被判死刑的人，雖然生命還沒有斷絕，那跟死亡究竟有什麼不同呢？在這種時刻，我哪有心情享受五欲呢？」

阿育王就告訴善容說：「其實這些事都是我安排的。我想要透過這件事來啟發你：當一個人恐懼死亡和懷著憂慮的時候，他縱使在美妙的五欲六塵當中，他也一點都不覺得快樂。更何況僧侶們時常想到過去世、現在世和未來世的三世果報，一個人死了又會再受身，無量世和無數身都受極大的苦惱。雖然有時能僥倖出生做人，有時也難免過著卑賤貧窮和匱乏的日子。想到這些辛酸受苦的事情，所以才出家修道，尋求解脫和度化眾生的方法，萬一修行不夠精進勤奮，也還會多劫受輪迴的痛苦！」

善容聽到阿育王的這段話，終於心開意解了。他對阿育王說：「我今天接受了您的教誨，才覺悟到生老病死的苦惱和恐怖，希望您能准許我出家修行！」阿育王告訴善容說：「放下物質的享受，而去出家修道是一件很高尚的事情，我應該成全你！」

於是善容就辭別了阿育王，到寺院去出家。由於他持戒精嚴，晝夜都不斷地修行。結果斷除了所有的煩惱而證得了阿羅漢果，具足了天眼通、天耳通、宿命通、他心通、神足通、漏盡通等六種神通，隨意通達自在，而沒有掛礙。

《阿育王傳》記載：阿育王聽說他弟弟出家得道，心裡非常高興，他不但禮拜出家得道的弟弟，而且想長期供養他。他弟弟喜歡山林而不愛居住在吵雜的城市，所以阿育王特地又為他出家得道的弟弟，建造了一座數十丈高的假山和泉林，來供養他弟弟。這些遺跡現在還留在印度。

真能放下情欲，可以產生福德、給人帶來幸福，並能促使人格昇華。

《增一阿含經》的第三十四卷記載：從前印度毗舍離城中有一位長者，名叫做毗羅先。他的財寶多得不可計數，可是他非常吝嗇，從不布施救濟貧窮。他只一味貪圖享受過去的福報而不再修造新的福德。正當他在後宮和許多美女飲酒作樂時，佛陀告訴弟子阿難說：「這位長者的壽命只剩下七天，他死後會出生在啼哭地獄受苦。唯一可以免除他到地獄受苦的方法就是請他趕緊放下情欲，出家修行！」

於是阿難就來到了這位長者的家裡，站立在門外。長者遙遠地望見阿難，就出來迎接阿難，請阿難進去客廳坐。

阿難告訴長者說：「佛陀是得到圓滿智慧的大聖人（一切智人），我聽他說您的壽命只剩下七天，而且死後會投生在啼哭地獄受苦！」長者聽了毛骨悚然，心中十分恐懼，他就問阿難說：「有沒有法子能使我七天後不會死呢？」阿難回答：「沒有！」長者又問說：「那有沒有能使我不會墮落地獄的方法呢？」阿難回答：「世尊說只要您能出家修道，就不會墮入地獄。您現在最好趕緊出家修道！」長者說：「阿難，你先走一步，我稍後馬上趕去！」阿難聽到長者這麼說就回寺院了。

長者心裡想：「七天還早得很呢！不如我再享受一下五欲的快樂，然後才出家修道。」結果就沒去寺院了，第二天阿難又到長者的家裡，對長者說：「已經過了一天，只剩下六天，您還是快點出家吧！」

長者又說：「阿難你先走，我隨後馬上就到！」結果長者還是染著五欲而沒去。阿難天天到長者家裡勸長者出家，長者一天拖過一天，又經過六天，到了第七天清晨，阿難又來勸長者出家：「您只剩最後一次機會了，如果您今天沒出家修道，死後投生在啼哭地獄，後悔就來不及了！」

於是長者放下了情欲，跟隨著阿難去拜見佛陀。

佛陀吩咐阿難為長者剃度，並且教他十念法（念佛、念法、念僧、念戒、念施、念天、念休息／靜修、念數息、念身、念死），結果只修了一天就命終，死後神識投生在四王天。所以，能對佛陀有信心，放下情欲的人而又修行十念的人可以得到無量無邊的福德。

真正的放下，不但要放下身外之物，而且要捨棄所有錯誤的知見和煩惱。《楞嚴經》說得好：「妄念和煩惱平息的時候，真正的智慧就現前了。」

從前有一位道人兩手拿著合歡梧桐花要供養佛陀，佛陀教他放下，那位道人放下左手的一株花。佛又教那道人放下，他又放下了右手的花。佛陀又說：「放下！」那位道人回答：「我兩手已經都空了，還要放下什麼東西？」

佛陀說：「我不是教你放下花，你應當同時捨棄攀緣心，舍到無可舍處，就是你安身的地方！」那位道人聽了佛陀的話，當下明心見性，體悟到不生不滅的真理。

心靈加油站

慈悲喜捨

佛法裡「四無量心」——慈、悲、喜、捨，給予眾生快樂，拔除眾生痛苦，讓眾生心生歡喜，捨得大布施。說明如下：

「慈」，是仁慈、慈祥之意，是見人苦，想幫助他。「慈無量」能幫助一切眾生，令一切眾生得快樂。到處可見之彌勒菩薩就是「無量大慈」的代表，在坊間彌勒菩薩的畫像是挺著大肚子，方面大耳，看起來極為慈祥愉快，個個皆歡歡喜喜，充滿和樂與自在，這就是「慈」的真義。

「悲」，是「拔苦」，也就是消除、解除眾生的痛苦。悲心像水，能讓我們心地廣大，無礙無分。觀世音菩薩是

「無量大悲」的代表，菩薩的甘露遍灑宇宙各角落，不論眾生是什麼種類或在什麼地方，只要那裡有苦難，菩薩的甘露就隨著受難者求救的聲音而到那裡。

「喜」，是歡喜或欣喜，是見別人的苦減少，所生的喜悅，也是歡喜心。請隨時打開心扉，讓歡喜心自然流露出來，一如佛家法門中的「施受法」：當你發覺遇上瓶頸時，施受法可以開放你去接納別人的痛苦；當你發現心被堵塞時，它可以摧毀那些堵塞的力量，讓人生歡喜自在。

「捨」的意義是捨棄或厭捨，是平等無分別的，全部的施捨。捨與不捨的差異，只在「一念心」，能「捨」，故能「得」；「捨不得」，故「無所得」。中國先賢造字、造詞真是奇妙，「捨得」，是先「捨」、後「得」，能捨方有得，是千古不變的定律。

星雲大師 人間佛教 系列

現代人安身立命的寶典 十冊典藏套書 vs. 電子版

《人間佛教系列》是星雲大師三十年前講演的內容，講演的內容包羅萬象，經典方面有《六祖壇經》、《金剛經》、《法華經》等，也講說佛教的義理、特質與現代生活的種種關係。佛光山的弟子們將大師歷年來講演的內容結集成書，並定名為《星雲大師講演集》，共四冊，二十多年來再版多次！許多讀者將此套書視為認識佛教、研究佛學必讀之書。

這套講演集已缺書好一段時間，不時有人頻頻詢問、催促再版。然此套演講集講說時隔近三十年，雖然佛法真理不變，人心善美依然；環境變遷有之，人事遞嬗有之。因此，決定將此書全新改版，去除與現今社會略微差異之處，重新校正、修訂、增刪，並依內容性質，分類十冊，總字數一百餘萬字，因內容多與人生有關，故取名為《人間佛教系列》。

現更推出《人間佛教系列》叢書電子版，將其內容、圖片、註解，一一加以編輯並設計多元的搜尋功能，讓讀者能隨意、隨時操作方便的應用資料與閱讀，是學佛不可缺少的「佛學百科」。

作業系統為：
◎Windows NT/ME/2000/XP
◎30MB硬碟空間◎系統要已經安裝好Microsoft .NET Framework 1.1 和 Microsoft MDAC 2.8。
如果尚未安裝，則需120 MB，額外可用硬碟空間來安裝。
◎可用於各種語言Windows 系統

◆套書原價3000元　典藏價2500元　單行本每本300元
◆電子版　特價899元

當代人心思潮 Modern Thoughts, Wise Mentality

國際佛光會主題演說(1992-2006)・中英文合訂本

——大心無岸邊・一切智為潮

國際佛光會創會以來，在每年例行舉辦的會員代表大會上，星雲大師都會發表一篇「主題演說」，作為會員的精神指標與未來努力的行事方向。雖然年年主題不同，但是一個主題，一個理念；這些理念不受限於時空，尤其更符合當代社會人心之需求！

本書主題豐富，包括「同體」、「共生」、「自然」，是宇宙萬物，生命生存的現象；「歡喜」、「融和」、「尊重」、「包容」、「平等」、「和平」，是世間人際往來應該遵行的準則；「公是公非」、「發心」、「發展」，是人類社會進步與提昇的條件；當每個人都能「自覺」、「行佛」、「化世」、「益人」，就是自利利他，「圓滿自在」。

星雲大師　著
定價280元

香海文化

地址／110台北市信義區松隆路327號9樓　電話／(02) 2748-3302　傳真／(02) 2760-5594　e-mail:gandha@ms34.hinet.net
郵撥帳號／19110467　香海文化事業有限公司(1000元以下須自付80元)　http://www.gandha.com.tw　http://www.ganha-music.com

國家圖書館出版品預行編目資料

定和尚說故事／心定和尚 編著　初版. --臺北市：香海文化,
2008.09　面；　公分
ISBN 978-986-7384-94-2(平裝附光碟片)
224.515　97014944

音樂書 02
說故事 雙CD

定和尚說故事

編　著／心定和尚
發行人／慈容法師（吳素真）
主　編／蔡孟樺
內頁插圖／黃其偉
責任編輯・責任校對／高雲換、紀東昇
封面設計・美術編輯／蔣梅馨
行銷企劃／鍾美雲、林郁慧

出版・發行／香海文化事業有限公司
地址／110台北市信義區松隆路327號9樓
電話／(02)2748-3302
傳真／(02)2760-5594
郵撥帳號／19110467香海文化事業有限公司
http://www.gandha.com.tw
e-mail:gandha@ms34.hinet.net

總經銷／時報文化出版企業股份有限公司
地址／235 台北縣中和市連城路134巷16號
電話／(02)2306-6842
製版印刷／中茂分色製版印刷事業股份有限公司
法律顧問／舒建中、毛英富
登記證／局版北市業字第1107號
ISBN／978-986-7384-94-2
定價／NT＄399元
2008年9月初版

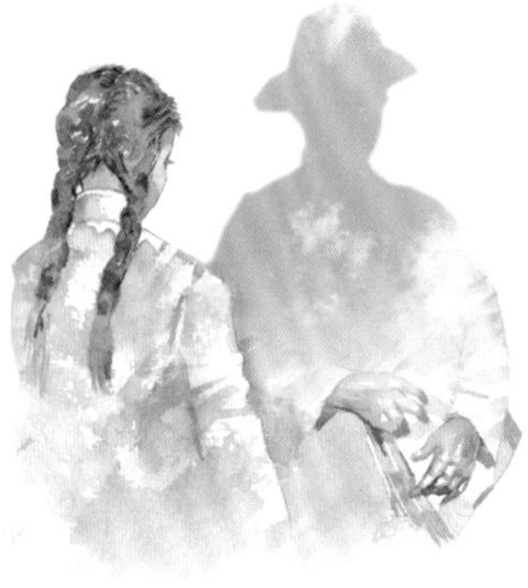